大学での学び

― その哲学と拡がり ―

田中 俊也 著

関西大学出版部

【本書は関西大学研究成果出版補助金規程による刊行】

目次

はじめに

本書では、学びという概念を中心に据え、それが成立する条件や、どう学ぶか、学んでどうなるべきだろうか、ということなどを含めて「学びの哲学」という言い方をしています。当初、本書のタイトルをずばり「学びの哲学」というものにしようと構想したこともありますが、それこそ哲学を研究する多くの同僚・友人の顔が浮かび、そうした大それたタイトルは控えることとしました。それでも捨てがたく、第Ⅰ部ではそうした考え方を支える四つのキーワードについて、少し語っています。これは、私が大学で授業を行うときの、基本的な準拠枠でもありましたので、その概略を述べています。特にゼミの運営については、こうした態度や経験の醸成が重要だと考えて実践してきたつもりです。

続く第Ⅱ部では、そうした学びの哲学を胸に秘めて実践したそのゼミ経験者（ゼミ卒業生）が、果たして「振り返ってみて何を学んだのか」ということを浮き上がらせるために、簡単な「現在」を語ってもらうコラムを設けました。ゼミ卒業生はあわせて三六〇名を超えていて、さまざまな分野・領域で活躍しています。その中から、七つの分野・領域を抽出して、計一八名の卒業生に分担で執筆をお願いしました。現在を語る中に大学での学びの拡がりの成果の片鱗を探すべく、それぞれに対しての私のコメントを、第Ⅰ部で提示した学びの哲学との関連で付しています。

また、それらに先立つ序章では、そうした私の所業の背景にあるさまざまな経験や考え方を、インタヴューに応えるという形で表しています。これは実際に、ゼミとは全く関係のない学生から受けたインタヴュー内容を文字に起こしてまとめたものです。他人の人生など基本的に関心はないものだと思われますが、その後に紹介した「哲学」や、卒業生たちの現在に対する解釈のしかたの重要な根拠の一つだと考え、ここに載せることとしました。ここでの話の内容に類することで、研究部分に特化してもう少し詳しい話を、同僚の串崎真志さんが計画してくれた最終講義（二〇二〇年一月九日）で行いましたが*、総論的な話としてはこちらのインタヴューの方がふさわしいと判断しましたので、こちらを記載しています。

本書を通して、大学での学びの本質の一端を共有いただければ私としては望外の喜びです。

二〇二〇年四月

新型コロナウイルス禍で外出禁止状態の自宅書斎にて　田中俊也

*

関西大学学術リポジトリ所蔵
田中俊也最終講義資料「学びの研究から学んだこと」

序章

学びの哲学の形成過程

―私の学びの哲学はどのように形成されたか―

本章では、以下第Ⅰ部で示す私の持つ「学びの哲学」がいかにして形成されてきたかを示す周辺的事実を、別の目的で行われた私へのインタヴューをまとめたもので紹介することにします。

本インタヴューは、関西大学文学部心理学専修の専門の授業「質的研究法」（担当：木戸彩恵准教授）の受講生が、その実習の一環として、四人のグループで私の研究室に訪れ実施（前後二回）されたものをテープに起こし、授業担当者へのレポートとして提出したものを、受講生及び授業担当者の許可を得て紹介するものです。

本書の趣旨に沿って、授業レポートにはなかった小見出しや若干の言い回しの変更、加筆については私の責任において構成したものであることをお断りしておきます。ただし、受けた質問はすべてそのままになっています（二回目に追加で受けた質問などは前後を考慮して整合する箇所に移動しています）。

一　エビデンスとしてのインタヴュー内容

まず田中先生の職業を教えてください。

大学の教員です。身分でいえば教授です。

どのくらい仕事を続けていらっしゃいますか？

関西大学に来たのは平成元年（一九八九年）ですから三〇年、その前六年名古屋にいましたので、三六年、七年くらいですかね。

何故大学の教授という仕事に就こうと思ったんですか？

そうですね、研究したり調べたり、そういうのが好きだったからでしょうか。大学を卒業して、研究したいからっていうのでそのまま大学院に行きますよね。で、大学院行って研究進めていく中で、仕事をするとすれば、大学の教員になる、という形でしょうか。一番の根本は、知的好奇心というか、色んなことを知りたいっていうか、そういうことができる仕事だ、ということだと思います。

その仕事を選んだ基準はなんですか？

仕事を選んだ基準？　それは他の仕事と較べてってことですかね？　一般の人達は大学を卒業する時に、どんな仕事をするか、こう考えるでしょ？　どんな職種か、その中でも営業にするか、事務にするか、色々考えると思います。でもぼくら大学の教員の場合はね、多くが自分の知的好奇心を充足させたい、それができる仕事だ、というのが選択の規準かと思います。ぼくの場合はそれに尽きるかと思います。

その仕事内容は具体的にどのようなことですか？

大学の教員というのは、基本的に研究活動ですよね。それから教育活動、三つ目が社会貢献っていう、社会的に何らかの役に立つっていうこと、そのあたりのことがメインなのが大学の教員の仕事ですね。研究、教育、社会貢献、と言ってもいいでしょうね。

この仕事のどのような部分が好きですか？

そーうですねぇ。色々ありますけどね、結局それを続けているっていうのは、やっぱりこう、あなたたちも含めて、学生が変化していく・育っていく、その変化への実感が持てることが一つですね。ここにいるこの二人（インタヴューアは全部で四人）は一回生春学期の時の「知のナヴィゲーター」の授業の時から知っていますが、今こうして三回生になって、心理学専修の学生になってずいぶん変わり、変化していってますね。「人となっていく」っていう、そういうのを見て卒業させていく、というのが好きなのかもしれませんね。卒業したあとも時々来てくれるんですよ。ゼミなんかにね。そういう、その人が育っていく、っていうことを実感するっていうのかな、それがやっぱり一番の答えですね。

あと、自分の知的好奇心を深く掘り下げて追究することを「仕事」として認められている、という点でしょうか。掘り下げるテーマは自分で決定できるわけですから、これほど楽しいことはありません。研究できる、という喜びですね。

では、その仕事のどのような部分が好きではないですか？

好きでない部分ですかー。好きでない、どうだろうねー。まあぼくは構わないんですけれども、例えば、家族なんかからするとぼくはなんかずーっと、大学の教育とか研究のこと、学生のことを考えてるんですね。例えば、ふつうのサラリーマンだったら九時五時で、九時に会社に行って五時になれば帰ってきて、で、まあとは自由・家族との団らんですよね。むろん九時五時というのは象徴的な言い方であって、実際には残業等で遅く帰ることも多いかと思いますが、それには手当もついて、自分も家族も納得して仕事している、という感じだと思います。

でも、ぼくらの場合は、言ってみれば四六時中残業してるっていう感じで、今は働き方改革云々が言われているけども、まあそういうのに全く該当しないジャンルなんですね。スマホあるでしょ。特に最近はＬＭＳ（学習管理システム）なんてシステムができたから家に帰ってからも学生にスマホやパソコンで課題だしたり、レポート見たり、成績つけたりするわけです。ぼくは個人的には全く嫌ではないですけれども、家族からすると、いつもそっちの方に関わっている、とみられて、ちょっと嫌かもしれないですね。

この仕事のやりがいを感じた経験はなんですか？

やりがいですか。まぁやっぱり一つは研究でのやりがいですね。研究したことを論文にまとめ、そういう、その成果を確実に形にしていくっていうことですね。また、教育面でいえばさっき言ったように、学生が非常に不安な形で大学に入ってきて、直接その全てに関わるわけではありませんけど、関わった授業等を通して大学の中でどんどん成長していって、四回生の頃になってくると、一回生の時とは全然違う、「人になる」という姿を見られる、その変化の姿を見るっていうのがやっぱりやりがいの一つですよね。

このように、研究したり、論文書いたり、授業で学生の変化の手ごたえを感じたり、講演に出かけたりそういう形で少しでも社会貢献しているという実感を持ったりすることで、自分のやりたいことをやっていることが単なる趣味の世界にとどまらず同時にそのことが外に向かってなんらかの役に立つっていう実感がある、ということでしょうか。「自分のためにやることが同時に人のためにもなっている」ということば（南坊義道「夜の幽閉者」（現代評論社）の中の一節）が大好きなのですが、そういう地平で動くことのできる仕事だ、というのがいちばんのやりがいでしょうね。

将来の見通しをどのようにもっていらっしゃいますか？

将来ですか。定年間近ですから大学での研究・教育活動の将来について聞かれるのはちょっと困りますね（笑）。しかし、若い頃であればどうでしょうか。

大学に関していえば、あらゆる事がらに対して、その、所属する大学の当事者として関わっていきたいっていう、そういうのはありましたし、まあ実際そういう風にしてきました。さっき、研究と教育、社会貢献の三本の柱を大学教員の本務、と言ったんですけども、もう一つ、大学行政、すなわち、大学の学内での色んな仕事、それもやっぱり大学の教員としての仕事としてあるんですよね。で、ぼくは所属する文学部の学部長と一緒に仕事をして、いわゆる執行部の一員として文学部を動かす仕事とか、文学部と社会学部の「心理学」を大学院レベルで統一する「大学院心理学研究科」の創設とか、昨年までは大学全体を動かす仕事（教育開発支援センター長）ですね、そういうのもやってましたので、それらの仕事も重要な大学教員の仕事の一部だと思います。向き不向きもありますが、大学構成員としての仕事に対する当事者意識をもっていただきたいと思っています。研究・教育・社会貢献にとどまっていればある意味「楽」なのですが……。それを超えたところでの、学内の組織を動かす仕事も、ものすごく大変ですが、向いた人には重要な仕事の一つだと思います。本務の一つだ、と本気で考える人で、しかもその適性のある人には是非関わっていただきたい仕事だと思います。それらを「権力」の一つだと誤解し、その居心地の良さに陶酔してしまうような人には逆に関わってほしくない、とも思いますが（笑）。

将来に向けて何か努力していることはありますか？

さっきも言ったように、大学での仕事を終える世代ですから、将来に向けてっていうよりも、これまでに努力したという意味で言えば、自分が当初やろうとしていたことはほぼやってきたという自負はあります。自分独りでだけじゃなくて、自分の研究領域でやってる人・最先端でやっている所と一緒に仕事をするとか、海外での仕事とかもやってきたし、まあだいたい、若いころ計画してきたことはやってきたと思っています。

仕事がもうすぐ終わってしまうということだったんですけども、終わってからもその心理学にまた携わっていかれるのでしょうか？

写真１　ありがとうの会（2019 年 9 月 14 日　ホテルグランヴィア大阪にて）

いや今のとこ、大学の方の仕事が終わったら、ひとまず第二の人生という感じで、大学という「組織」とは関わらない生活をしていきたいと思っています。組織とは関わらないが研究や探究の志向もやめるというわけではありません。具体的には、子供の頃からずっと抱えてきた知的好奇心の充足ですよね。もっと具体的には天文学ですけど、天体望遠鏡で空を観察をする生活。ぼくの今の家が見晴らしのいいところで前がパーっと開けていて、そういう環境もあるので楽しみにしてるんですよ。今回の退職に際して学部卒業生が一〇〇名近く集まってくれ、「ありがとうの会」を開いてくれました（写真１）。この時記念に、というので立派な反射式の天体望遠鏡を皆さんからプレゼントして頂きました。これを使って再び宇宙に思いを馳せる生活が出来ること、楽しみにしています。これは何も、心理学の志向や、現実の地球上での出来事への関心を拒否しているわけではありません。

例えば、「宇宙」に対しての、人間の傲慢なスタンスを戒めるような発言もしていきたいと思っています。地球上での愚かな「国家」紛争を宇宙空間でも再現するようなことはぜひ避けさせたい、そういう発言をしていきたいと思っています。例えば月を「領土」化するとか、火星に人を住まわせるとか、そういう、やろうと思えばできるかもしれないがやってはいけないこと、をしっかり議論できるようなプラットフォームをつくることができれば、と思っています。宇宙軍をつくる、などというのは絶対にやってはいけないことです。

田中先生にとっての仕事の意味は?

仕事の意味ですか。そうですね。生きることそのものですかね。結局ぼくらはさっきも言ったようにある意味趣味・趣向っていうか自分のやりたいことをやって、で、それが仕事ですよね。でそれがたまたま、ジャンルで言えば研究であったり、教育であったり、社会貢献であったりするわけです。仕事をすることで、学生が育ったり、本を出せば見知らぬどこかの人がそれを読んで、何か考えてくれるかもしれない、そういう意味で貢献あるいは少しは役に立っているのかな、という気持ちはあります。

子供の頃の夢は何でしたか?

子供の頃の夢ですか。科学者になる、ってのがありました。天体が好きだったもんでね、天体観測とかも含めて。さっきも言いましたが定年退職したらそっちに取り組もうと思ってるんです。子どもの頃、といっても中学生の頃ですが、自作の屈折式望遠鏡を作って観察したりしていました。

夢が、科学者から大学教授に変わったのはいつ頃ですか?

子どもの頃の「科学者」の夢は、当時から学研の「科学」という雑誌をとっていて、その付録を中心に、いろいろ探ったり試してみることが大好きであったのが大きな要因です。いわゆる「探求」ですね。その「探求」が自然科学（理科）から人文科学（心理学）に対象が変わっただけで、ぼくの中では連続していると思っています。高校三年の時、全部で七組あるクラスの中で、二つの組だけ理系のクラスがありぼくはそこに所属していました。それは志望していた学部の入試で数Ⅲが必要だからというのが大きな理由で、数Ⅲをとるためにはいわゆる「理系」クラスに所属せざるをえなかったのですね。心理学の希望なのになぜ理系クラスか？ということかと思いますが、心理学の大学教授というのも「科学」的方法論は当然踏襲しますので、「夢が変わった」とは思っていません。

科学者っていうのは結局、昔から、目に見えるものの背後にあるもの、摂理っていうかその基礎っていうのか、そういうのに関心があったわけです。お空だったら、星が動いたりするでしょ？その背景にあるその原理、何故そうなるのかってのに関心があって。

その関係でいえば、例えば人間だったら人間の動きや発言がやっぱり目の前で見えて起こっていること。その背景にある、ある種の原理っていうのが結局心理学的関心で、だから自然現象の背景にある原則を考えるのと、人の背景にあるその仕組みとか原則を知りたい、というのは連続してるんですね。その意味で夢が変わった、とは思いません。

理想の先生像はありましたか？

大学の先生像という意味ですよね？　そうですね。関大の教員としてずっと三十数年いたんですけども、大学の教員の仕事っていうのは前にもお話したように、研究と教育とそれから社会貢献、そして学内の行政とかですね。特に研究教育で言うと、一般に大学っていうのは研究をする場所なんですよね。しかし関西大学のような比較的大きな大学では研究活動だけでなくて、教育活動もきわめて重要なのですよね。それを同時にやることがすごく大切なことだと思っています。したがって、ぼくの理想っていうのかな、大事だと思っているのは、研究をやりながら同時に教育の方にも手を抜かない、教育活動をきちんとする、いわば研究と教育の両立、その部分を大事にすることが重要だと思っています。それを学生さん達がどう思っているかは分かりませんけど、そういう思いが通じてればいいなって思います。

研究活動と社会貢献と教育活動の内容を具体的にもう少し教えて頂けますか？

研究活動の柱は何本かあるんですけども、最も基本となる重要な柱は、人間の思考活動とか認知活動ですね。それに絡んで、実際の教育現場で子どもたちに対して教えたり学んだりしている時の子どもたちの思考のプロセスですかね。それは領域としては認知心理学と言うんですけども、認知心理学の基本的な部分を基礎として教育心理学の領域の研究、ぼくの研究の領域でいえば認知心理学と教育心理学の融合っていうか、そういうところですね。

二つ目の教育活動で言うと、心理学の専門科目の授業も、特に若い頃は沢山持ちました。科目名でいえば「心理学一般実験」とか、「心理学講読演習」とか「心理学概論」とか多種多彩ですね。しかしながら、文学部の全体の運営に関わる執行部に入ったころから、「大学教育」という、高等教育機関としての大学での「教育」への関心も強く持つようになりました。特に、初年次教育という、「知のナヴィゲーター」みたいな、高校までの授業と大学からの授業はガラッと変わる、いわば「学習」してればいいスタンスから「学び」のスタンスに変わる・変える、それをサポートするような教育活動に力を入れてきました。「大学教育」という、教育の分類で言えば、初等・中等教育を超えた、高等教育に関して力を入れていました。私の妹が当時松山の小学校の校長をしていまして、そうした、初等教育との対比・整合性等も大きな関心でした。これは、「大学で学ぶというのはどういうことだろう」という研究テーマの一つにも結び付いています。

それから社会貢献について言いますと、まあそれも今述べた研究・教育活動の連続なんですけども、伊丹市の、教育制度の改革、入試制度の改革とかに関わったり、学校教育全体の学校教育審議会の会長をやったりしてきました。また、伊丹には伊丹市立高校という、市立の高校があるのですが、その高校の改革をする時期だったので、それを手伝ってくれということで、伊丹市立高校の大改革にも関わって、その委員長もやったりしてきました。行政の方たちといっしょに動くという貴重な経験を多くさせてもらったと思っています。

先程具体的な先生の理想像を聞いたんですけど、憧れの先生って具体的な先生はいらっしゃったんですか？

一番の憧れっていうか、目指していた先生は、ぼくが在外研究でアメリカに一年行ってた時に師匠としてついていた、ハーバード・サイモン先生（写真2）ですね。このサイモン先生の生き方、あるいはその研究の中身ですね、これに非常に感銘して、在外研究に行くのだったらここに行くと

写真２　サイモン先生
（2000年再訪の時の研究室にて、田中撮影）

いう事を決めていました。東海岸のペンシルバニア州のピッツバーグという都市にあるカーネギーメロン大学の先生です。ここに一年間行ってたんですけど、この先生は、授業でもお話ししたと思うんですけども、要するに、認知心理学の元祖のお一人なんですよ。人間の諸活動を情報処理的に捉えるという、そういう考え方の第一人者。

そうでありながら、心理学の狭いところでのある種の権威に収まるというのではなく、非常に幅広い、例えば、経済学とか、経営学とかデザインの領域でも中心的な貢献をしている、そういう大きな研究者です。経済学の教科書にもサイモン先生の名前が出てきて、多くの方は別人だと思っています（笑）。本当の学問というのは、ある狭い領域で、なんかこう重箱の隅をつつく、そういうものではなくて、行動一般に関して、みんなが参考になるような知見を提供する、そういうものだ、と教えていただいたように思っています。そういう仕事をされてたのですごく尊敬する方ですが、残念ながら二〇〇一年に亡くなられました。

家族全員（四人）で、一年間ピッツバーグで暮らしていました。ぼくはサイモン先生とは二週間に一回、こういう個人研究室で（といっても、ぼくらの部屋とは大違い。まず入ると秘書の部屋があり、その奥に先生の部屋があります）、対面での研究活動をしていたので、すごく大事な人を亡くしたっていう感がしています。亡くなられたときは秘書のジャネットさんから葬儀参列の打診もきましたが、学内での公務の関係で出られなかったのを悔やんでいます。ちなみにサイモン先生は一九七八年のノーベル経済学賞受賞者です。経済学・経営学では「限定合理性」という重要な概念でよく知られています。ノーベル心理学賞というのはありませんから、心理学で世界的な貢献をした人の多くは経済学賞を受賞しています。ダニエル・カーネマンさんもそうです。

写真３　レイヴ先生と（2003年UCバークレーにて）

それと日本でいうと、佐伯胖さんっていう学びの研究者がいるんですけども、その佐伯さんの学びの考え方が、ぼくのその後の学びの研究に大きな影響を与えてくれた人です。長く東大の教授を務められ、その後青山学院大でしばらく研究されてて、今は退職されてます。

佐伯さんの考え方っていうのは、人間の「学び」についての包括的な考え方が含まれていて、ぼくの研究の各論でも大きな影響を与えてくれました。「学び」についてのおびただしい数の著書・論文があるのですが、どの一つをとってみても「んーん！」と納

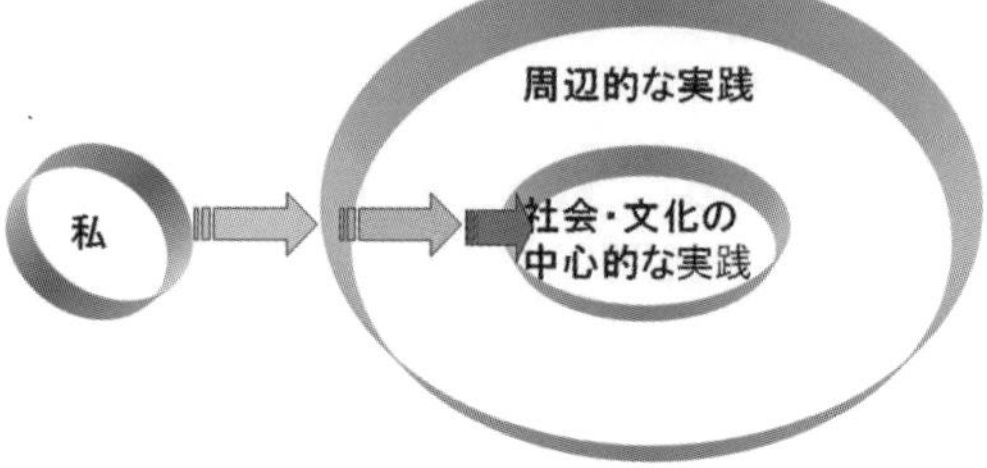

図１　正統的周辺参加（LPP）　Lave（1991）を田中が図式化。レイヴさんより、図式化のオリジナリティを保証されている（2003）

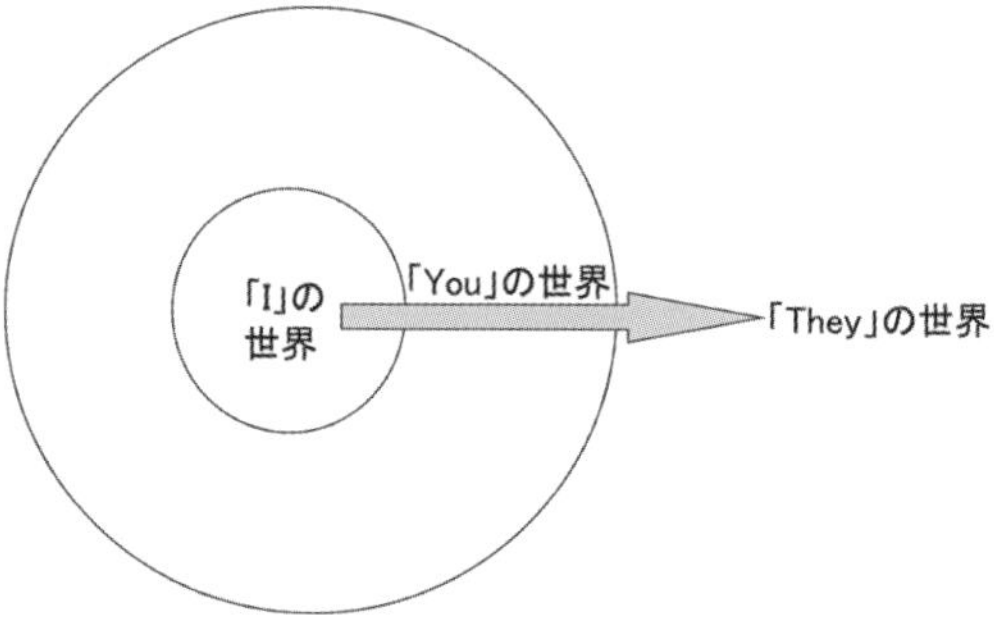

図２　学びのドーナッツ論　佐伯（1993）p. 146 の図を田中が改編

得させられるものです。特に、関西大学に来る前にいた大学で教科書として使っていた新書版の「コンピュータと教育」（一九八六）という本は秀逸でした。これはその後のぼくの「知識表象のレベル」という考え方の基礎になったものです。

　また、佐伯さんが翻訳されたレイヴとヴェンガーの「正統的周辺参加」の本は、ぼくのゼミの運営の仕方にも大きく影響しています。ぼくのゼミではブラザー&シスターっていう、上の四回生と下の三回生が一緒に仕事をする、そういう制度で運営しているのですが、このシステムは、奇しくもレイヴさん（写真３）たちの正統的周辺参加の考え方と軌を一にするものだったのですね。また同時に、佐伯さんの「学びのドーナッツ論」とも同じ考え方です。ぼくのゼミは一九九一年から開始していますから、ちょうど同じ時期に同じような着想で理論化・実践がアメリカ・東京・大阪で行われていた、ともいえるでしょう。

正統的周辺参加っていうのは、要するに、真ん中で中心的に活動している実践の共同体があり、その周辺にもう少し、誰でも近づけるような領域があって、学び手は、そこからまず入って、やがて中心に入っていくっていう、そういう風なモデルです。そういうモデルを佐伯さん自身はもうちょっと別の観点で、「学びのドーナッツ論」というモデルで紹介しています。その考え方が、ぼくのゼミの運営の仕方に理論的なバックアップをしてくれたし、ぼく自身の生き方にも影響してるって意味で、佐伯胖さんの影響はやっぱり大きいですね。二〇〇四年に関西大学で日本心理学会という大きな学会を主催したんですけども、その時佐伯さんにも来ていただいて、重要なシンポジウムを開いて、すごく実りがあったと思っています。

憧れのその先生に近づくために何か努力されたこととかはありますか？

佐伯さんは日本の方ですからね。研究活動の延長で論文書いたり著書を出したりしたらそれを送ったりして、見てもらったりそういう形での関わりですね。さっきも言った二〇〇四年に学会やった時にシンポジウムで来てもらって、献身的に喋ってもらったりしました。もちろんぼくが司会するんですけども、そういう形で学会での繋がりで関わって行くようなそういう形がありましたね。

サイモン先生はぼくが学部生のころにすごく重要な本を出されていて、院生になってその本を読んで、ぼくの認知心理学領域での関心が非常に深まったので、そのことを在外研究で引き受けてもらう時に、私はこういうものですっていうことで自己紹介してね、それで引き受けてもらった訳です。その自己紹介の時に、そのサイモン先生の一九七二年の本（Human Problem Solving）の内容にすごく感銘したというメールを出して、それじゃあ来なさいってことでね、引き受けてもらったんです。

大学院に入られた理由ってのはやはり心理学に興味があって、その研究を続けたいからっていう理由ですか？

それはまぁ必然のような感じがしますけどもね。大学の学部の三回生の頃に、非常勤講師っていう、他の大学から来てもらう先生がいて、その先生の一人に清水御代明（みよあき）先生っていうそれこそぼくらの思考とか問題解決の領域ではすごくよく知られた方なんですけども、その清水先生が一年通して授業をされました。それを受けて、その時レポートを最後出すんですけどね、ぼくが書いたレポートに対して非常に親切なコメントを事務を通していただいたんです。それにすごい感激してね、こうしてきちんと見てもらってるっていうのがあって、清水先生がやられてた研究の延長のような形をますます続けたいっていうのでそれで院に入ったんです。だからある意味では必然性を感じてましたかね。

大学生のときに、清水先生に出会っていなかったらどうしていたと思いますか？　出会っていなくても院へ進んでいましたか？

清水御代明先生は当時奈良女子大の助教授で、週一度心理学特殊講義という科目で非常勤できていただいていました。そこで本格的な思考心理学を年間通して講義いただき、最終課題が出た際に ぼくは、その中で紹介された実験を追試・工夫して実験レポートを書きました。それに対して、よほど先生の目に留まったのでしょう、わざわざご丁寧なコメントを、事務を介して返していただき、大きな感動を得ました。むろんぼくに対してだけの特例です。こうした、ご自分のご研究に対しての真摯な姿勢をみせていただいたのが大きく心酔することになった理由でした。したがって、大きな機会ではありませんでしたが、仮に出会わなかったとしても、同様に、研究に邁進しておられる姿勢を示す方が何人もおられましたので、院に進んでさらに研究したいと強く思っていました。

大学の時に心理学ばかり学んでいたというよりは、その授業で学んでそれにプラスして学問に興味が湧いた、っていう形ですか？

そうですね。清水先生のその思考心理学の授業なんですけども、それはそれでものすごく関心がありました。「考える」ということそのものを「考える」「実験する」「調査する」のが心理学なんだ、という話です。それにプラスして、ぼくはもともと哲学にすごく関心があったので、哲学の中でも科学哲学っていう、科学はどういうものかっていうことに対しての哲学、その科学哲学に強くひかれました。哲学科の授業なのに哲学科の学生はいなくて、心理の、ぼくだけがその科学哲学の先生の研究室で一対一の授業を受ける、という恵まれた環境も当時ありました。人がものごとを考えるっていうのは何なのか、何かを発見・見つけるとか、その背後のしくみを探るとかね、そういうことするわけで、それは最初、子どもの頃科学者になりたいと言ってたことと繋がってるんですね。

だから院に進むのはまあ必然的な感じですね。どこかで急に思い立った訳ではない、という気がします。

大学院にいるとき、大学教授になる他にどんな選択肢がありましたか？

大学院博士課程後期課程は名古屋大学でしたので、ここは、入れば当然大学教員になる、という雰囲気でしたので他を考えたことはありません。他大学の修士卒をダイレクトに後期課程に迎える、というのも前例のない時代でしたが、お願いした指導教授にもかわいがっていただき、三年間の就学期間満了後もすぐには大学教員の口はなく、そのまま研究生で残り仕事（研究業績を積み上げる）を続けていました。むろん無給で、むしろ授業料を払う立場です。研究生二年目の六月に職を得て、そこ（名古屋市立大学、当時は名古屋市立保育短大でのち名市大に統合）に六年いて、一九八九年に関西大学にきました。したがって、職歴としては大学教員のみになります。ただ、修士を終えて先を考えるときは、公務員の心理専門職を考えて受験したこともあります。幸か不幸か、受かりませんでしたので現在がある次第です。今にして思えば、受けてみた、程度で本気でその仕事をしたかったわけではありませんでしたので、「幸」ですね（笑）。人生、こうして、「失敗」がかえっていいものを生み出す、という経験をしてきた、と思っています。

この仕事をやられていて、苦労したことはありますか？

苦労は色々ありますけども……。ただ、自分の研究上での苦労は特にないですね。若いころ、思考過程を可視化する、ということで、眼球運動測定にはまったこと、博士課程後期課程のころにはもう少し汎用的な情報探索活動を測定できる道具を開発したことなど、いろいろ大変な道を経てきましたが、それらは「苦労」とは思いません。

ただ、先にお話した大学教員の仕事の四番目の、学内での行政の仕事についてはいろいろ大変でした。何とか長とかをやってくれというような形で、そういう依頼が来るんですよね。一番最初は在外研究から帰ってきてすぐのころ、文学部の、学生主任っていう学部執行部の仕事が回ってきました。その時の学部長は、信頼する、大好きな人でしたので、いっしょに文学部をいいものにしていく、ということに大きなやりがいも感じていました。そういう学内行政の仕事は、一回それに入ると、次の別の学部長からなんかまた続けてくれっていうような形で、どうしても依頼が来て、それはぼくは、嫌ではないんですけどね。嫌ではないんですけれども、やっぱり研究活動あるいは教育活動の方をメインにしたいとずっと思ってたので、時間的にこういう大学行政にすごく時間をとられることでは苦労しましたね。文学部の仕事をしながら、同時に、学内に心理学の学部が二つあって外からわかりにくい、ということをずっと感じていましたから、それを何とかしたい、ということで、学部執行部でご一緒していた当時の学部長が学長になられたころから、大学院での心理学の統合を、心理学研究科という新しい大学院を創設する、という方法で叶える道をさぐり、それこそものすごく苦労した末に、二〇〇八年に、心理学研究科を新たにつくりました。研究科の新設ですから、文科省にも何度も足を運び、創設後、そこでは初代の研究科長として、しっかり仕事したつもりでいます。

また、それを降りて二〇一一年からは、教育開発支援センター（ＣＴＬ）のセンター長を務めました。これも、研究科長を降りたのち、学内行政に研究時間を割かせて申し訳ない、という形で、大学にある研究期間回復の「研修員」制度を半期適用していただいている期間の、その最後の時に当時の学長からの依頼があって務めることになった次第です。このように、学内行政の仕事は次々とつながるのが常で、それに一〇〇％の手ごたえを感じている間はいいのですが、ふと考えると、別の人でも務まるのでは、と思うようになり、そうすると、そうした仕事はとたんに「苦労」になってしまうのですね。

ぼくの場合は、このＣＴＬの仕事は、高等教育そのものと関係しているので、全く別のことやってるっていう認識はなかったですね。大学での先生達がどう教えるか、学生達はどう学ぶか、そういう環境を大学としてどう作っていくか、などを考え改善する組織ですからね。そういう意味では、ぼくの各論の一つである、教授・学習過程研究の延長でもあるので、それほど大きな違和感はなかったですね。それでも今にしてみると、ものすごく時間を割かれたかなっていう感はありますね……。しかしそこで感じた、事務の方たちといっしょに大学をつくっていく、というわくわく感は大切だと思っています。残念ながら、そういう政治的な動きをすることそのものにだんだん魅力を感じなくなってきた、ということでしょうね。

大変ではあったけど違和感はなかった、という感じですか？

そうです、そうです。全く別のことを無理してやらされてる、とかいう感はなかったですね。教育開発支援センター（ＣＴＬ）っていうのは、大学の先生達にきちんと授業を考えてやって下さい、学生達のことを考えながらいっしょにやっていきましょうというそういう機関ですから、ぼくの研究上の各論（教授・学習過程研究）ともつながっていて、それほど大きな違和感はなかったのですね。

大学教授としての仕事の意味、やりがいをどうお考えなのか、改めて教えてください。

そうですね。大学教授としては、研究・教育・社会貢献という仕事があって、四六時中それにかかわっていて、そこにやりがいがある、そんな感じでしょうか。仕事三昧であることと同時にやりがいも感じるわけですね。

だから仕事の意味そのもので言えばやっぱりこの三本の柱それぞれで意味を感じる、というところです。その中でも、研究と教育両方が結びついた面でいえば、学会誌を査読する、という仕事があります。査読っていうのは若い人たち（主に、という意味で、重鎮が投稿されることもよくあります）が論文書いて学会に投稿して、それを学会誌に載せていいのかどうかを審査する場なのです。その審査をして、何回も突き返し、執筆者はそれを書き直して再度投稿して、やがて掲載が決定するという感じで進んでいきます（無論ボツになる＝不採択という場合もあります）。それをかなり長期間、常任編集委員をやってました。二か月に一回は東京でその会議が開かれます。

この査読については、投稿された論文を読者の立場で眺めて未完成の研究論文を読むという、こちらの研究活動の一環としてとらえることができます。またもう一つは、査読を通してその著者を育てる、という側面もあります。教育、ですね。本来査読は、論文指導とは異なるものですが、それと完全に分けることもできないものです。そういうことを通して、いい論文に変更していっていただきます。著者・査読者ともに誰が相手かわからないままにこうした交渉をしますが、ときどき、掲載された論文の謝辞に、匿名の査読の先生に対する感謝を書いたものもあるくらいです。また、辛辣な批判をして書き直してもらったりして最終的に出たその論文が実はその道の大家の研究者であった、などということもありました。冷や汗ものです（笑）。

若い人たちが学会誌に投稿するのは、実は大学教員になるための重要なステップでもあるのです。大学教員になる前の、博士の学位をとるためには学会誌の投稿が何本なきゃいけないとか、そういう制約があるので、結局査読活動というのは、単にちゃんとした論文だから載せる、載せないっていうことじゃなくて、仮に、載せないってことになってくるとその投稿した人の人生を変えていくことにもなるんですね。そういう意味で、非常に責任のある仕事なのです。仮に査読した論文が学会誌に載って、その人がやがてほかにも論文を何本か出して、学位をとって大学教員になってという風になってくると、直接ぼくが教えている学生ではないんだけれど若い人をそうやって育て、なるべき人になってもらったっていうそういう手ごたえがあります。その意味でやりがいっていうのはすごくありますね。これは、新たに大学教員を生み出す仕事の一端を担った、という意味で、社会貢献の一つにもなっていると思います。

二　田中の履歴についての考察・感想

ここでは、インタヴューを行った四名の学生が、そこで得られた右記のエビデンスをどのように考察したかを紹介します。研究者の経歴をどのように受け取るか、一つの事例の報告にあたるかと思います。私は常に、出来事を「メタ」の部分で眺めることを旨としていますので、自分ではなく、他者が、そうしたエビデンスをどう見て解釈するかは、興味深いことでもあります。

また、学生が、研究者（大学教員）の生きざまをどのように捉えているのかを示す希少なレポートの一つでもあると考えます。

私にこのインタヴューを実行した学生が受講していたのが「質的研究法」という授業で、質的研究の一つの方法論であるＴＥＭ（複線経路等至性モデリング：Trajectory Equifinality Modeling）の演習の題材としてのインタヴューでした。したがって、以下、その理論で使われる専門用語・略号が用いられていることがありますが、学会発表等の資料というわけではないので「査読」も「校閲」も特にせず、生のレポートを紹介することとします。ただ、全体の統一性をはかるため、ここでは、分析の対象者（私）をＴという略称で示すこととし、先生とか教授等の肩書は外すこととしています。また、敬語的な言い回しも通常の表現に変えています。ＴＥＭその他の質的研究法の概略については安田（二〇一七）、木戸・サトウ（二〇一九）を参考にしてください。

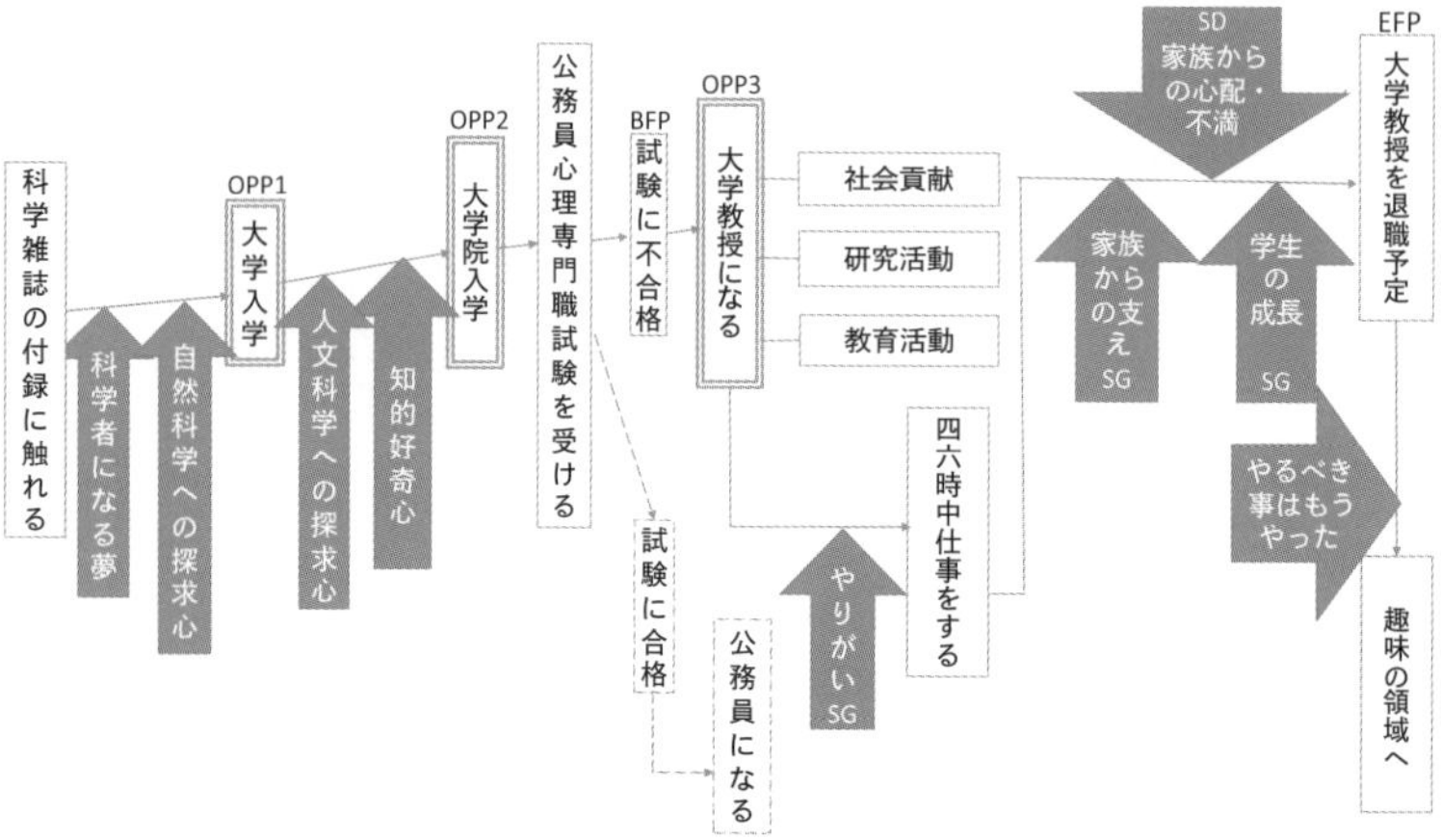

図３　TEM図によるTの「研究者人生」（作成：A，B，C，D）

二―一　Aさんの解釈

説明文

Tの語りを人生プロセスとして捉え、TEM図に置き換えると図3のようになる。等至点（EFP）は研究者の関心がある現象であるが、今回は「大学教授を退職する」とした。次に、必須通過点（OPP）のうちOPP1を「大学に入学する」、OPP2を「大学院に入学する」、OPP3を「大学教授になる」とした。Tは、公務員心理専門職試験を受験したが不合格であったため大学教授となった。試験に不合格となったことで公務員にならないという分岐路（BFP）が発生した。大学教授になってからTはやりがいを感じつつも四六時中仕事をしていた。これによりSDである「家族からの心配・不満」が生じたがSGである「家族からの支え」「学生の成長」により、Tは大学教授として活動している。来年に退職を予定し、その後は趣味の領域へと進む計画とのことである。

考察と感想

今回、追加質問での「子どもの頃の「科学者」の夢は、当時から学研の「科学」という雑誌をとっていて、その付録を中心に、いろいろ探ったり試してみることが大好きであったのが大きな要因です。いわゆる「探求」ですね。その「探求」が自然科学（理科）から人文科学（心理学）に対象が変わっただけで、ぼくの中では連続していると思っています。」という答えにより、様々な事象への探求心や好奇心が現在も原動力となっていることが示唆された。T自身、幼少期からもつ興味が今現在も根底にあるのだろう。

そして、大きな分岐路（ＢＦＰ）となった公務員心理専門職試験の不合格だが、「人生、こうして、「失敗」がかえっていいものを生み出す、という経験をしてきた、と思っています。」と言っている。不合格による落胆はあったに違いないが、結果として現状に満足していることが分かる。だが、もし合格していたら私たちとは出会わずに違う世界で活躍していたことだろう。

その後Ｔは大学教授となり（ＯＰＰ３）、社会貢献や研究活動、教育活動に勤しんだ。初年次教育として関西大学で「知のナヴィゲーター」を担当し、私はそこでＴと出会った。その他の講義でも非常にお世話になっており、今回のインタヴューでは快くお話してもらえた。大学では、研究活動や教育活動に注力したかったが学内の行政にも力を入れざるを得ず、結果的に時間を割いてしまったという後悔が多少なりともある様子だった。しかし、「大学教育といわゆる高等教育ですね、高等教育と関係してるので、全く別のことやってるっていう認識はなかったですね」と付け加えているため、路線は違えど同じゴールを目指しているという認識があったのだろうと考えられる。公務員試験の際もそうであったが、失敗や葛藤を上手くプラスにしている印象を受けた。

やりがい（SG）を持ちつつ四六時中仕事をすることは、苦ではなかったと言うが家族のことを考えると少し苦笑していた。インタヴューでは「大学の中でどんどん成長して行って、四回生の頃になってくるとその一回生の時とは全然違うね、人になっていうっていう、その変化の姿を見るっていうのがやっぱりやりがいの一つですよね。」と言っていた。やはり教育活動がTにとっての大きなやりがいだと考えている様子だった。教鞭をとる間も家族からの心配・不満（SD）があったが、家族からの支え・学生の成長（SG）といった様々な後押しによってここまでやって来られた。

来年に大学教授を退職予定（EFP）だが、これまでを振り返り「自分だけじゃなくて自分の研究領域でやってる人と最先端でやっている所と一緒に出かけに行って仕事をするとか、海外での仕事もやってきたし、まあだいたい夢と思ってたことはやってきた。」と自身の人生に満足しているようだった。退職した後は直接は教育には携わらず、常に片隅に置いていた天文という領域へと進む予定である。幼少期から抱いてきた科学者になりたいという夢が、違う形で第二の人生を彩るのであろう。そしてTは仕事の意味を〝生きることそのもの〟だと答えていた。自身の活動が少しでも社会貢献に繋がっていれば、という気持ちがあるようだった。実際に本を執筆するなどの活動をしているため、学内だけでなく社会という大きなフィールドでの活動をしたいという想いなのだろうと感じた。

二―二　Bさんの解釈

Tにとって仕事の意味とは、趣味ややりたいことを通して、誰かのために貢献し、影響を与えることであると考えられる。具体的には研究活動への知的好奇心と人文科学への探求心からそれに携われる領域の仕事に就き、さらに、教育活動として学生を育てたり、伊丹市の教育改革に携わったり、本を出すことでそれを読んだ人に影響を与えたりといった活動がすべて何らかの形で誰かのために役立つこと、つまり周りを巻き込むことができるところこそがやりがいにつながっていたと言える。Tは、主に認知心理学と教育心理学の融合を研究領域としており、教育活動にとても力を注いでいたことから、研究したことを教育の場で活かし、大学だけでなく教育行政に至るまで幅広く活躍し、全く関係のない仕事をしているのではなく、それぞれの活動が相互にかかわりあいながら、誰かのために活かすことを目的に活動していたのではないかと考えられる。そして、仕事とは人生そのものであるとインタヴューで聞いたことから、そのやりがいを感じるという仕事の充実感は単なる働くという行為にとどまらず、人生の充実感と密接に結びついているのだと思われる。

仕事を四六時中するにあたり、家族からの心配・不満（SD）があったにもかかわらず、大学の教授を続けてこられたのは、家族からの支えがあったから（SG）というように、同一の対象が反対の影響を与えつつも、家族からの支え（SG）が家族からの心配・不満（SD）より大きく働き、Tにとってそれほど大きな葛藤にならなかったためだと考えられる。

子供のころに科学雑誌の付録にひかれ、そこから生じた自然科学への探求心が、時間の経過に連れて人文科学への探求心へと変わり、さらに、インタヴューで、「心理学の大学教授というのも科学的方法論は当然踏襲しており夢が変わったとは思っていない」とのことであったため、人生というのはこれまで経験してきた事柄が一地点ずつ切り離されることなく連続しており、一つ一つの経験が今後の流れを決めるものだと考えられる。EPSへと導く促進的記号の役割を最も果たしたのは、幼い時から持っていた探求心であり、それが、大学に入学・大学院に入学といった新しい状況に置かれることやハーバード・サイモン先生・佐伯胖先生・清水御代明先生など多くの人にかかわることで夢が少し違った形に変容したり、夢を後押しされたり、自分の意志だけではなく、自然と誰かからの影響を受けて自分の人生が作られていくものなのだと実感した。

「人生、失敗がかえっていいものを生み出すという経験をしてきたと思っている」という言葉がすごく印象的であった。これは、公務員の心理専門職の試験を受けた時のことで、それはTにとって大きな分岐点になったと考えられるが、その出来事が大学の教授になることを強く後押ししたと考えられ、実際に仕事をするまで、それは必ずしも失敗であったかどうかはわからないものなのだと考えさせられた。

二―三　Cさんの解釈

Tの人生プロセスを聞き、SGは人生において大きく関わり、人生を左右させるものでもあると感じた。多くの人生の分岐点に差し掛かるようなところでは自分の中にあったSGが働き、それが人生の道筋を立てているのではないかだろうか。時には、SDとSGに挟まれ、悩むこともあるが、一つでも何か欠ければ違う道に進んでいた可能性も大いにあり得る。

また、人との出会いも大きく関わる。Tのインタヴューにおいて大きく人生を左右するものではなかったが、サイモン先生や清水先生、佐伯先生との出会いは少なからず影響を与えたと感じられる。尊敬する人や、友人などには大きく人生を左右させる力も持つだろう。

仕事というものを続けられる理由には、やりがいは欠かせないものである。Tが四六時中仕事に打ち込むことができたのもやりがいがTの中で大きなものであったからだろう。また、大学教授に限らず、様々な仕事で言えることだが、自分が直に接した人の成長はやりがいとなり自分のモチベーションとなる。自分が関わった人が成長したのを見ると喜びも生まれる。私も、就職するのであればやりがいを感じ、人の成長を感じられるような仕事につきたいと思うようになった。

人生というものを図にすることでその事象がどれだけ自分に影響を与えたのかが目に見てわかるようになる。葛藤や挫折も人生の一部であり、その後の人生へどのようにつながって行くのか、新たな分岐点として現れる。今回、Tの大学入学前からをインタヴューさせていただいたが、大学教授という道に進むまでにもいろいろな事柄がある。自分にとってはちっぽけだと思っていたこともTEM図にすることで意外と大きな出来事であった場合もある。このTEM図を作成途中に自分の人生をTEM図にするとどうなるのだろうか、また、もっと色々な人の人生プロセスを知りたいと思うようになった。

さらに、インタヴューを繰り返して行くと、なぜここでこの道に進むことになったのだろうか、この時どのような気持ちだったのだろうかなど自然と興味が出てきた。インタヴュー中は話を聞くことに必死で、すっとその場で質問をすることができなかったが、二回目のインタヴューをさせていただく前に質問を再度考え直したときには、一回目に聞けなかったことを整理できていた為聞きたいことがたくさん出てきた。今回は、Tにインタヴューを二度させていただくことができたため聞きたいことを追加して質問をすることができたが、その場でその時に感じた疑問を聞けるようになることは大事だと感じた。

二―四　Dさんの解釈

Tは、子どものころに科学雑誌の付録に触れたことがきっかけで「科学」というものに興味を持った。探ることや試すこと、いわゆる「探求すること」が好きで、この時すでに、これからの人生の中で大きく占めるものに出会っていたということが言える。自然科学への探究心が、大学受験の科目に苦手な数Ⅲがあったことや、大学時代の恩師である清水先生の影響で人文科学への探求心へと変わった。しかし「科学」という大きなくくりでは変わっていない。Tのこの言葉からは、「科学」への一途な思いがくみ取れる。

人生の分岐点（BFP）となったのは、公務員心理専門職試験の不合格である。不合格になったことで、大学教授になるという新たな道が開けた。教授は、今にして思えば不合格になったことが

「幸」であったと、「失敗」がかえっていいものを生み出したと言っていたが、私自身もこれまで同じように考えたことが何度かある。かなり大きな失敗でない限り、選ばなかった方や進まなかった道を知らないにも関わらず、選んだ方を「良かった」と思おうとする。人間は潜在的にそういう心理があるのかもしれないと考えた。

とはいえ、大学内外で四六時中仕事をすることが多く、家族からの心配や不満を生み、ご苦労されたことも多かったようだ。大変な仕事ではあったが、家族からの支えがあったこと、そして学生の成長を見届けられるというSGがEFPへの大きな力となったと言える。「夢だと思っていたことはやってきた」という言葉から、第一の人生のEFPへ到達したものだと思われる。

Tにとっての仕事の意味をお尋ねした際に、「仕事とは人生そのものである」と言っている。そう思う理由として、幼少期からの興味・関心が大人になるまで変わらず、それを職業に繋げたということが挙げられる。常に「科学」「探求」に携わってきて、その自身が大好きな「科学」を教え伝え、研究することが仕事であるため、仕事＝人生という式が成り立つと考えられる。自分の好きなこと・やりたいことをやることで、本を出して誰かに見てもらえたり、学生が成長したりして社会の役に立つ、このことに喜びややりがいを強く感じているため、ここまで続けてこられ仕事がTにとって本当に大切なものになったと言える。教授を引退した後は、心理学からは離れ天文というかねてからの趣味を楽しみたいと言っているが、天文も少年期に一番始めに抱いた興味である「自然科学」であるため、生涯「科学」と共に歩むのだろうと考えた。

第I部

学びの哲学

序章で少し長めの自己紹介を含めたインタヴュー記事を紹介しました。この中にも出てきた、心理学の各論としての教授学習活動の研究とゼミを通した学生指導の実践の中から、私は、大学教育についてのある種の「哲学」を獲得したと思っています。大学では何を学ぶのか、どうやって学ぶのか、学んでいったいどうなるのか、という一連の学びについての哲学です。

ここで言う哲学とは、フィロソフィー（philosophy）という、知（sophia）を愛好する（philo）というもともとの意味で、大学のいわゆる文学部等で科としての特定の領域を指し示す哲学の意味ではありません。学びというものについての本質的な意味を示すものとして「学びの哲学」と表現することとします。

そこでまず、学びとよく似た概念である「学習」という用語について、その特徴を明確にし、なぜあえて学びと言い直すのかということを通してその区別を明確にし、次に「学び」についての本質を捉え、特に大学教育での学びについての意味や意義を四点に渡って詳しくみていきたいと思います。

その前にまず、学習や学び、発達や教育、といった基本的な概念についてすこしまとめておきたいと思います。

学習とは

「学習」はいうまでもなく learning の日本語です。ここにも「学ぶ」の「学」という字があり、それに「習」、すなわち習う、という字がくっついています。文字通りで言えば「学び習う」ということになるでしょうが、心理学では少し異なる定義がなされています。

どの教科書・辞典をみても、学習とは、「経験による比較的永続的な行動変容」という形で定義されています。最も古典的・典型的な定義です。この定義を整理してみましょう。

まず第一に、学習とは、行動が変わることだ、ということになります。

外から見てある人の行動が変化した、と認められればそれは「学習した」と定義されます。これはあまりに単純化したみかたで、見た目の行動の変化だけで定義しますから、例えば「知らなかった事実を知った」とか「覚えた」等といった、外からの判断では見えないような変化は該当しないことになります。そこで、この「変化」を必ずしも外から見て確認できなくても認める、という立場もあります。前者の見た目の行動変容に特化する場合は行動主義的、後者の見た目に変化がなくても、内部での変化が想定される場合を認知論的な学習の定義、と呼びます。

次に学習すなわち行動変容が起こる契機として、「経験」が前提とされます。この「経験」も極めて曖昧なもので、一般的には、外から眺めて何かしている、という場合に経験している、とされます。たとえばピアノのレッスンを受けている場合、先生からの教えや指示は受けている人にとっては「経験」していることになります。その教えや指示によって、弾けなかった部分が弾けるようになったとすれば、これは学習した、と定義されます。しかしここでも、本人が何か思い出して、それで弾けるようになることもあり、この場合の「思い出す」「思い起こす」というのも実は経験の一つだ、というみかたもできます。

こうして、何らかの経験によって行動が変わったとしても、それがすぐに消えてしまうような場合は学習とは定義されません。練習や訓練によって「一瞬変化した」というような場合、そこには、そうして変化した行動の持続性・永続性がないということになり、比較的永続的な行動変容を認めることによって学習が定義される、ということになります。

このように学習は、内的・外的、直接的・間接的な経験によって内的・外的な行動が変わり、それは簡単には消えない、ということをもって定義されることになります。学校で子どもたちが「学習」活動をするとき、まさにこうしたことが起こっているということになります。多くの場合、そこでの「経験」は、教師を中心としてカリキュラムという形で周到に準備された経験群となり、行動変容は、できなかったことができるようになった・知らなかったことを知った、ということを「テスト」という評価で確認されます。

別の言い方をすれば「学習は何らかの経験を経て何らかの行動が変われば、それが学習だ」ということになり、そこには、学び手の、どう変わりたいのか、どういう経験をしたいのかといった意思はまったく不要なものとなります。場合によってはそれらは「じゃま」なものとみなされることもあります。「学習」が「勉強」と言い換えられる理由もここにあります。

勉強は、「勉」すなわちもともと無理・難しいことが分かっていることにあえて挑む・励むという主体的な行動を意味するものに、「強」すなわち強いるという意味が付加された言葉になっています。ここに、もともと現在どこでも使われる、学校教育での教科の内容を習得するという意味での学習の意味は含まれていません。「ちょっと無理だけど勉めて我慢する」という、商売で使う「勉強させてもらいます」の方が本来の意味になります。「まけてくれと言われても無理なんだけど、あえてそうします」というのが商売での「勉強」になります。ここで「強いる」主体が相手なら勉強させられる、自分が自分を強いるなら勉強する、になります。

ここでの勉強の概念は、本来、学校教育等の場で用いられる、教科の内容や特定のスキルを獲得するという狭い意味のものではありません。しかしながら、実際にはむしろそれらに特化して用いられ、さらに学習という用語ともほぼ同義に用いられることもあります。

要するに、学習とは「本人のその意図とは無関係に、ある種の経験を経て目に見える行動や目には見えない内的な構造が変化し、その変化が持続すること」と定義できるでしょう。変化したいという動機や変化した結果としての行動や構造の質は問いませんから、ネガティブなものに変化した場合も「学習した」という言い方ができます。例えば、やる気満々で入学した大学の新入生が、大学教員の無気力な講義を継続的に受けるという「経験」から、やる気が失せるというネガティブな形に変化した場合でも、そうした無力感を学習した（学習させられてしまった）ということができます。

学習には、その学習者にとっての行動変容の行き先（目標）も、どんな経験をするかという経験の質の問題も不問に付し、要は行動や構造の変容が起こればいいのだ、という極めて限定的な内容しか含まれていないことが分かります。

こうした限定性を踏まえて学習の本質的な意味をまとめると、学習とは「個人的な経験を自発的あるいは他律的に行い、そこから得られた行動の変容を示し、それは、一見持続的に見えても、主体的に行っている訳ではないので、時間的な展望や連続性をもたないものである」と定義できるでしょう。経験の個人性、無目的・無方向性が大きな特徴と言えます。

学習と条件づけ

心理学のよく知られた用語の一つに「条件づけ（conditioning）」という言葉があります。もっともよく知られているのは「パブロフの犬」で知られる、イワン・パブロフが発表したいわゆる古典的条件づけです。ここでは、犬の話（えさの提示と唾液分泌の関係の変化）で紹介されていますが、人間においても同様だと考えましょう。

動物にはもともと、ある刺激を与えられるとある反応を無意識に起こしてしまう、いわゆる無条件に反応してしまう無条件反応というメカニズムが備わっています。われわれも目の前に何かが急に現れれば思わず目を閉じてしまいます。危険を避けるための、個に備わった生得的な行動パターンと言ってもいいでしょう。

ここに、全くその行動とは関係ない、もともとそういう行動（目を閉じる）を引き起こすことはない別の刺激（例えば大きな音）を、いっしょに何度も繰り返し提示します。われわれは、目の前の急に現れたものを避けるという意味で目を閉じてしまいますが、これを繰り返すうちに、やがて大きな音だけで目を閉じる、という行動パターンができてきます。まさに行動の変容（目の前のモノ→閉眼から、大きな音→閉眼への変化）です。これは経験による行動の変容ですから、典型的な学習の現象です。

この場合は、特定の刺激が特定の反応を生じさせるというきわめて単純な学習ですが、もう少し、自発的に行なっているように見える行動の変化もあります。これは、もう一つの「道具的条件づけ」と呼ばれる条件づけの一種になります。

例えば、学校から帰宅してうがい・手洗いの習慣がなかった子がその習慣を身につける、などがこうした学習です。それまでは帰宅するとすぐにゲームに取り組んでいたのに、その日たまたま途中でころんで手が汚れ、帰宅後すぐに手を洗い、ついでに口の周りも気持ち悪いのでうがいをしたとします。そこにたまたまお母さんが通りがかり、「あら、えらいわね！」と絶賛したとしましょう。それをきっかけに、「自発的」にうがい・手洗いをするようになった、そういう場合がこの道具的条件づけになります。「道具的」というのは、ここでの「うがい・手洗い」が、おかあさんの「えらいわね！」という誉め言葉を得るためのツール・道具として使われているためです。

こうした、一見自主的・自発的に行動を変容させた（学習した）ように見える場合でも、これは個体の内部での環境と行動の関係性の変化を示す条件づけの成果、と解釈されます。できあがった行動を、前者の古典的条件づけではレスポンデント行動、後者の道具的条件づけではオペラント行動、と呼んでいます。

いずれにせよ、ここでの学習は、個体が環境との関わりの中で個人的に獲得した行動パターンの変化のことを示し、この条件づけによる行動の変化が学習の最も基本的な性格になります。

学びとは

一方で、同じ learning を「学び」と言い換える際には大きな違いが生じます。

人間の発達過程を少し詳細に観察すると、生後すぐの時から人間には大きく2つの特徴的な行動があることが分かります。遊びと模倣です。動詞形で示せば「あそぶ」ことと「まねる」ことです。

あそぶ、ということは言うまでもなく、何ら制約のない状況で人が自由に自発的に行動することで、少し年齢があがっても、成人になってからでもその特徴は変わりません。広辞苑（第七版、二〇一八）によれば、「日常的な生活から心身を解放し、別天地に身をゆだねる」の意とされています。具体的には、楽しいと思うことをして心をなぐさめる、とか、野山を駆け回ったり風景を楽しんだり、無心に動き回ったりすることがあげられます。いずれにせよ、遊ぶということは、既存の一定の行動パターンにまわりのものを取り込んでそれをどんどん拡張していくという、拡張・拡充の意味を持ちます。ピアジェの表現を用いれば、「同化」のメカニズムが優勢である状態、ということもできるでしょう。まだ自由に動き回ることのできない幼児がベッドに寝転んで手足を動き回らせる様などは遊びの典型と言えるでしょう。

他方、まねる場合は様子が異なってきます。赤ちゃんの前で母親が舌を出すと、赤ちゃんもつられて同じような行動をする、などがまねる行動の典型です。広辞苑の定義で言えば、他に似せてする、のひとことになります。真似る（まねる）は学ぶ（まねぶ）とも言い、同義語扱いされます。

まねる場合は、既存の一定の行動パターンをまわりに合わせて変化させるという、変化・変容がキーワードになります。ピアジェの概念を用いれば、「調節」のメカニズムが働くことになります。この、まねることを学ぶ（まねぶ）とも書くことに注目しましょう。学ぶことは、基本的にまねることと同義であるのです。

遊びも学びも、基本的には主体の自発的な行動で、一方は既存の行動パターンの拡充を図り、もう一方は変容を図ります。大きな違いは、その他律性の有無で、学びは似せようとする相手である他者が、その主体に他律的に働きかけ（まねさせようと外から働きかけ）、その結果行動変容を作る、ということがありますが、遊びはあくまでも自律的なものに限られ、他律的に「遊ばされる」ということはめったにありません。

これらのことから、学びは基本的に主体的に生じる行動のメカニズムではありますが、もともとから、他者が働きかけて「私に倣いなさい、私のまねをしなさい」ということが生じる可能性を秘めていることが分かります。同様に、同じく主体的に生じる「遊び」と表裏一体のものであることがわかりますが、一般的には学びと遊びは完全に真逆のものとみなされています（田中俊也・佐伯胖・佐藤学　二〇〇五）。学校においてはとりわけそういう考え方が優勢です。このことについては、佐伯　胖さんが、以下のようにみごとに解説しています

わたしたちが「学校」という奇妙なところを作って、そこ（学校）では、学ぶ（勉強する）ことを主たる目的とし、そればかりだと疲れてしまうので、休み時間というものを合間に入れて、その休み時間には遊んでよい、というきまりをつくってしまったことに端を発している。それ以来、学ぶ（勉強する）ときは遊ばないし、遊ぶ時は、勉強から解放される、ということで、遊びと学びは真っ二つにわかれてしまった。それればかりではない。大人の世界には「仕事」というものが入ってきて、「外から」与えられた課題、要求される作業を達成することで、その代償としてオカネをもらい、生計を立てることになり、それこそ「遊んでいられない」事態になってしまった。

佐伯胖「わかり方」の探求―思索と行動の原点　小学館　二〇〇四年（202-203頁）

こうして、学び（まねび）倣う（習う）ことを他律的に要求するのが「学習」であり、そこでは本来の学び（まねび）から大きく逸脱していることが分かります。

学習と勉強、学びのちがい

このようにみてくると、学習と勉強、学びのちがいは、かなり明確になってきます。以前私自身で定義した表現（田中俊也　二〇一九）を、ここで改めて紹介したいと思います。

学習では、古典的な定義の通り、一定の経験を経て目に見える変化が期待され、かつその変化はすぐに消える変化ではなく比較的永続性を持つことが期待されます。学校での「経験」の多くがそうした変化が起こることを期待した「教科学習」という学習活動経験になります。学校のなかで学習をすれば、制度的に設計された知識が獲得されることが保障され、それはやがて社会で役立つもの、と教え込まれます。こうして学びを外部から誘い、教師や既存の文化・社会が持つ膨大な知識やスキルをまねて習うことを期待します。

また勉強は、学習の延長でそうした教科学習の内容を獲得し、かつそれが外からでも見えるようにするために、それを調べる「テスト」でも一定の成果が得られることに努力します。そのために、勤め、励むこと（「勉」の意味）、もっと言えば、もともと無理があることについてあえて無理を強いること（「強」の意味）を甘んじて受け入れます。経験による行動の変容のありさまを、無理をしてでも外に表す努力をすること、ともいえるでしょう。ここに「遊び」の入る余地はまったくありません。むしろそれは勉強を阻害するものとして排除されます。

一方学びでは、現在の「私」を起点として、わからないこと、できないことなどをよりわかる・できる私に変えたいという内発的な動機で、人や物を含む環境と関わることによって結果としてそうした変化が実感されることを期待します。変化の実感が重要であり、外から見て明らかに変化したことは必ずしも要求されません。それは、自分はなにものか、どこから来てどこに行こうとしているのか、というアイデンティティの形成と深く関わっています。得られる経験の質を徹底的に吟味し、想定・期待される変化をしっかりと見通して関わります。その根本的なエネルギーは、自分の外部の環境にある人・もの・できごとに敬意を表し、それに接近し、自分のものとしたい、という動機です。学ぶことは徹頭徹尾自分が何者かになることを意識した行動になります。

この学びの特徴を、特に大学生の学びについてもう少し詳しくみていくことにしましょう。

発達・教育・学習

自分が何者かになる過程を「発達」と呼びます。また、相手を何者かにしていく過程を「教育」と呼びます。この、発達と教育は、実は大変面白い関係になっています。それは、それぞれの英単語を分析してみるとよく分かります。

発達（development）は、ものを包み込む・巻き込むという意味のvelopと、それを外すという意味のde-という接頭語から成り立ちます。包み込み巻き込まれたもの（veloped）を外す（de-）ということで、たとえて言えば、さまざまな能力や可能性を包み込んでいる巾着袋の結びを外す、ということになります。結びを外せば中にあったものはここぞとばかりに外に飛び出します。桜の花の開花をイメージすればわかりやすいかと思います。「かたい」「ふくらむ」から始まって「ちらほら」と咲き始め満開となりやがて散っていきます。これはそういう環境を整えさえすれば、内部から自発的に外に出てきて変化をとげる力を持ったものの変化の現れ、とみることができます。人間でも同様で、人はもともと花開くべきものをもって生まれ、環境の整備である種「自然」に花開いていく、という考え方です。

ただ実際には、人間の場合、必ずしもそうして自然に、予定されたものがすべて花開くということはありません。De–velopしても、必ずしも十分にはすべてが外に出てこない、という場合です。これは当然の現象だと考えるのが妥当です。

そこで出てくるのが、教育（education）です。

教育は、duceという、導くとか引っ張るの意味と、e–という、外に、という接頭語から成ります。e–duceで、「外に導き出す」「外に引っ張り上げる」となり、これに名詞語尾 –tionがついてeducationとなります。すなわち、「外に導き出すこと」としての教育、です。こちらでは、変化を、発達的なある種自然な変化を待ちつつも、場合・時に応じて十分に外に出きらないものを引っ張り出すこと、となります。先の巾着袋の例で言えば、袋の閉じ紐は解かれているのにまだ中に何か残っている、それを外に取り出すこと、という意味になります。

Developmentもeducationも、いずれも、「変化」を語っています。前者はある意味、自然の変化、後者はある種人工的に作る変化、になります。こうした「変化」を語るのが心理学での「学習」概念でした（先の節参照）。したがって、発達と教育の両方に共通するキーワードである「学習」が非常に重要な位置を占めることが理解できると思います。先には、この学習と学びの違いについても検討してきました。

単純な二分法で言えば、自然な変化をつかさどるのが「学び」、人工的な変化を作るのが「学習」ということになり、発達と学び、教育と学習が近しい概念であることがよくわかります。ただ、これは、理念的に区分けしたものにすぎませんので、本書では、発達にも教育にもいずれにとっても重要なキーワードである「学び」に特化して、以下、その学びの本質的な側面を検討していきます。その際、それこそ発達段階に応じて同じ「学び」の概念にも、「学習」や「勉強」といった、外部からの働きかけに強く影響される初等・中等教育段階と、自分が何者かになっていくということを強く意識して、学び手の内部から沸き起こってくる動機づけに強く依存する高等教育段階での学びには大きな質的違いがあります。

初等・中等教育段階で「主体的な学び」の力をつけることを謳っているのが現在の「アクティブラーニング」の姿をよしとする、「主体的・協同的で深い学び」を標榜する国の姿勢です。これはきわめて重要なことで、現場の先生方には、そうしたキャッチコピーに踊らされないで着実な実践をしていただくことを望みます。何も改めてこういう言い方をしなくてもその本質をついた実践はずっとしている、と自負される先生方には、引き続きその実践を継続していただきたいと強く念願します。

そうではなく、言われてみると、自分のやってきたことはある種知識伝達の高圧的な「教育」だったな、と少し反省される方はぜひご自分の実践を見直す機会（田中俊也編著　教育の方法と技術——学びを育てる教室の心理学　ナカニシヤ出版　二〇一七年　参照）にしてください。

以下では、大学での教育活動を経験して「学ん」だ人が、そこではいったいどのようなことを学ぶのか、学ぶべきなのか、ということを、大学での学びの哲学として、考えていきたいと思います。

学びの質の違いと大学での学びの哲学の必要性

初等・中等教育での学びと高等教育での学びを同列に置くことはある意味望ましいことではありません。いずれの場合にも学んで身につける知識やスキルが含まれていることは当然共通ですが、それ以外のところで本質的な大きな違いがあります。

最も大きな違いは、我が国の教育システムのなかで、そこでの学びが次のステップと連続した質のものであるのか否か、という点です。

いうまでもなく、学校教育のシステムで言えば、幼稚園から小学校、中学校、高等学校、大学と連続した系列があります（むろん、小中一貫校とか、中高一貫校とか、高等専門学校等の多様性はありますが、大きなくくりとしてはそうなります）。

それぞれの学校種で、当然異なった目的と目標が掲げられ、それによって、そこでの学びの質が異なるのは当然です。例えば小学校の目的は「心身の発達に応じて、初等普通教育を施すこと」（学校教育法第二十九条）であり、義務教育としてのその目標は学校教育法第二十一条で細かく十項目に分けて記載されています（前半の理念的な三項目及び最後の十番目の項目を省略すると、①日常生活に必要な衣、食、住、産業等についての基礎的な理解と技能②国語を正しく理解し使用する能力③数量的な関係を、正しく理解し、処理する能力④自然現象を科学的に観察し、処理する能力⑤健康、安全、心身の調和的発達⑥音楽、美術、文芸等について、基礎的な理解と技能、を「養うこと」となっています）。

一方、高等教育機関である大学はどうかと言えば、次のようになっています。
目的：学術の中心として、広く知識を授けるとともに、深く専門の学芸を教授研究し、知的、道徳的及び応用的能力を展開させること（学校教育法第八十三条）

しかし、これに続く「目標」は掲げられていません。高等学校までには目的・目標が明記されているにもかかわらず、大学には「目的」のみがあり、それに続く「目標」にあたる条文がありません。これは、よく言えば、広く知識を授け、深く専門の学芸を教授研究し、知的、道徳的及び応用的能力を展開させれば、ある種の目標を達した、という、目的と目標の同一視の姿勢ともいえるでしょう。別の言い方をすれば、広い知識、専門の学芸を教授・研究すれば知的、道徳的、応用的能力が身につく、あるいは前段を手段として後段を身につけさせるのが目標、ともとれます。

これは、高校までがすべて、その前の段階の教育を基礎としてその機関の教育目的があるのに対し、大学では、必ずしも、それまでの「教育の成果」、多くは獲得された知識・スキルの発展拡充が期待されてなく、不連続な教育機関であることを語っているともいえます。

こうした、ある種無目標の教育に対して、経済界から望まれる社会人力（社会人基礎力）などという明確な「目標」が示されると、こぞってそれを目指して教育をする、という、嘆かわしいスタンスをとらざるを得ないような状況になっています。

そうではなく、大学では、知識やスキルの獲得以外に、もっと大切な目標があるのではないですか、というのが、以下の四つの章で示す私の「学びの哲学」です。

第一章　問題解決としての学び

学びは学習と異なって、自分にとっては無目的な、他者から強制されて実現される単なる行動ではありません。あくまでもその主体にとって、現状を何とかしたい・せねばならない問題状況に対し、それを一定の満足のいく状態に変化させる、そのための手段としての知識・スキルの獲得であったり、その状況打破の直接的な行動であったりします。

大学生を例にとると、入学した直後は多くの場合、高校までの勉強のスタンスではよくない、ということをさまざまな授業を通して目の当たりにします。典型的なこととして、それまでは「カリキュラム」というもののおかげで学ぶべき事柄は決められていて、そのカリキュラムに沿った授業に参加することで生徒としての自分の役割が終わっていました。

ところが大学に入った途端、自分で自分の受けたい授業を選択せねばならない状況におかれます。ある程度決められた授業科目はあるにせよ、多くは自分の選択に任されます。この、受講する科目を決めなければならない、というのは本人にとってはなんとかしなければならない状況です。これはさらに二種類に分けて考えることができます。

課題と問題

一つは、大学の制度として、○月○日までに決めたものを登録しなければならない、というような状況です。これは、外部からその何とかしなければならない状況を押し付けられた、という意味で「課題状況」と呼ぶことができます。これを、きちんと期日までに登録を終えれば、その課題は解決したことになります。

もう一つは、自分にとって多くの選択肢の中からどの科目を選ぶのがいいのか、真剣に考え悩んで、自分の人生にとってより有効な科目をしっかり決めたい、と自分を見つめなおすチャンスとも考えて何とかしたい、とみなす場合です。確かに「課題」を与えられているのですが、それを自分の問題とみなして取り組む、そういう状況とみなしているのでこれを「問題状況」と呼びます。

何とかしたい・しなければならない状況が外部から作られたものを課題状況、内部から発生したものを問題状況とよぶことにしましょう。多くのテストや試験は、問題を作る人が自分の外にいますから課題状況、進路の選択や将来の伴侶の選択は問題状況といえるでしょう。

ただ、この、問題と課題の違いは、それほど簡単な区分ではありません。すなわちそうした、何とかしなければならない状況を誰が作ったか、だけで課題状況や問題状況が定義されるわけではありません。例えばいわゆる試験は、自分以外の誰かがつくった、自分としては何とかしなければならない状況ですから典型的な課題状況であり、自分はいったいどういう生き方をするか、という状況は、自分の内部から湧き出た「何とかしなければならない」状況ですから問題状況ということになります。ところが試験の場合、一次方程式の問題を高校生に「出題」すれば立派な課題状況になりますが、幼稚園の子にこれ解きなさい、といっても、何のことかわからず、ポカンとするばかりです。生き方を何とかする、という場合でも、必ずしも自分の内部からでた状況ではなく親や教師に課された「課題」である場合もあります。

このように課題状況や問題状況は、それに取り組む本人がどういう取り組み方をするかによって、あるいはその状況をどのように捉えているかによってだけでは明確には区分できないことがわかります。その人の「認知」の問題に関わってくるわけです。

そうは言いながらも、われわれはこうした、「何とかしたい・しなければならない」と認知する状況を日常的に経験しています。最も卑近な例では、「お昼ごはんを何にするか」ということから、先の例にあったような年度始めに何の科目を履修すると決めるか、就職活動はどうするか、結婚は?と、「何とかしたい・しなければならない」ことの連続です。

したがって以下、そうした「なんとかしたい・しなければならない」と感じている状況を、一括して問題状況として捉え、それを何とかする過程を問題解決過程と捉えることとします。ここでは、「課題」と「問題」の区分を、より上位の概念としての「問題」に統一することとします。

問題解決の基本構造

何とかしなければならない・したい問題状況を打破して一定の解決にいたることを問題解決(Problem Solving)といいます。この問題解決にいたるプロセス・構成要素は大きく分けて四つあります。これはその状況がいわゆる「課題」で作られたものであれ、内部から発生した「問題」であれ、共通に考えることができます。

（a）初期状態

何とかしなければならない問題状況に自分がある、と感じた時の、現在の自分が置かれた状況に対する認識を初期状態（Initial State：I）と言います。どんな問題状況であれ、必ず自己のおかれた何とかしなければならない状態についての認識があります。これがなければ、「問題」そのものが発生していないということになります。試験のような課題状況においても、それを解く気が全くない、という場合には問題は発生していない、したがって初期状態そのものが成立してないことになります。多くの場合、「何とかしなければならない」という認識があれば、それは、現在の自分の置かれた状況を何らかの形で認識していることになります。試験であれば、目の前の解答欄が空白で、そこに「解答」を埋めねばならないというのが初期状態になります。就職活動という状況であれば「自分の適性がわかっていない」とか「希望する業種が決まってない」とかで、就職は希望しているが全くなにも取り組んでいない自分を認識するのが初期状態になります。当然ここは個人差があり、自分としては一定の知識も持ち自己分析も進んでいる、という状態が初期状態であることも当然あります。

（b）目標状態

現在の自分が、どういう状態に変化したときその「何とかしたい」状況が打破されたとみなすのか、その問題が解決された状態のことを目標状態（Goal State：G）と言います。試験であれば、解答の空欄部分がすべて正しく埋まっている状態、就職活動の問題状況であれば、内定し卒業後の進路が決まっている状態をいいます。この目標状態は、そこでの問題状況がことばや数値等で明確に表現できる、良定義（well defined）問題であるか、十分には明確に表現できない不十分定義（ill defined）問題であるかによって、この状態そのものの定義も変わってきます。

例えば、一次方程式を解く問題であれば、Xという未知数の値がきっちり判明した状態が目標状態になりますが、「真夏に快適に過ごす方法を述べよ」といったような、どうにでもとれるような課題の場合には、自分なりの方法による解決がその解となり、目標状態は一義的に定義できません。

（c）オペレーター

初期状態を、何らかの手段を用いて目標状態に変化させると「解決」されたことになります。問題解決とは初期状態を目標状態に変換すること、とも定義できます。その「状態を変換・転換させる手段」のことをオペレーター（Operator：O）と言います。一次方程式であれば、数学の知識を動員してなんとかXの値を求めていく一連の操作がオペレーターであり、夏を涼しく過ごす課題であれば、たとえば団扇・扇子を使うとか、クーラーを入れるとか、涼しい場所に移動する等がそのオペレーターになります。手段、と言い換えてもいいでしょう。

（d）オペレーターの制約条件

問題解決では、以上の初期状態を適切なオペレーターを用いて目標状態に変えていくことがその主要なプロセスになりますが、実際には、オペレーターはなんでも使えるわけではありません。必ず、特定のオペレーターは使える、特定のものは使えない、というオペレーターの制約条件

（Restriction：R）があります。

例えば、試験の状況では、自分の知識を思い出し、総動員して答えることは適切なオペレーターですが、隣の人の解答をカンニングして答える、というのは使ってはいけないオペレーターで、こうした、使ってはいけない、使えないオペレーターがあることをオペレーターの制約条件と言います。自宅から徒歩三分の駅まで行くのに、オペレーターとしては徒歩、自転車、バイク、自家用車等さまざまなものが考えられますが、さすがに三分の距離をタクシーで、というのは通常ありえないでしょう（けがや病気の場合は別ですが）。この場合、タクシー利用はオペレーター制約条件にあてはまり、手段からは除外されます。研究者が論文を書く際の剽窃・盗用なども典型的な制約条件になります。

こうして、問題解決には、それがどんな問題（課題）の解決であれ、必ず「初期状態」、「目標状態」、「オペレーター」、「オペレーターの制約条件」が含まれていることがわかります。ロバートソン（二〇〇一）はこれを、「ＩＧＯＲ」と並べて表記し、問題解決についての覚えやすい方法だ、と提案してくれています。これは「アイ・ゴール（I Goal）」と読みます。私（Ｉ）がゴールにいたる＝問題を解決する、というきわめてウイットに富んだ覚え方です。問題解決の四つの構成要素が見事に入ってます。

問題解決のモデル

どのような段階、場面での問題解決でも、そこでは本人が問題状況をどのように捉えているかということ（初期状態の認知）、どこに、どう持って行こうとしているのかという解決の方向・イメージ（目標状態の認知）、その初期状態・目標状態に関連するさまざまな知識やスキル、とることのできる手（オペレーター）や取れない手（オペレーターの制約）等がその構成要素になっています。

教育を考えた時、もっとも重要なのが、そうした問題状況に立たされた時の、その主体の持っている「知識」や「スキル」がどのように運用されるか、ということです。そうなると、知識やスキルにはどういう特徴があるのか、ということへの理解が重要であることがわかります。一次方程式でのXや各数値、四則演算記号の意味とか演算のルールとか、そういう知識があるかどうかで解決に至る可能性が決まってきます。望むところに就職したい、という場合でも、目指す企業の特徴、社会的位置づけ、業界全体の動向など、知っておくべき知識は多様にあります。このように、問題解決にとって、先行して持っている知識の種類や量、その利用可能性の高さなどは決定的に重要なことになります。

それらをすべて考慮に入れた、人間の問題解決過程についての一つのモデルがあります。それは、先にも述べたような問題状況（State：S）とそこで実行されるさまざまなオペレーター（Operator：O）と（And：A）、それを実行した結果（Result：R）のそれぞれの頭文字をとったSOAR（ソア）モデルとよばれるものです。これは、サイモンといっしょにノーベル経済学賞を受賞したニューウエル（一九九〇）のモデルです。

これは、人間の行動を情報処理的な世界観で捉えたサイモンの「情報処理システムとしての人間

（ＩＰＳ）観」をより詳細に記述した多くのモデルの中の一つで、教育的示唆に富む、最も重要なモデルです。

内容は、実は極めて明快なものです（田中、二〇一四も参照）。

周りの情報を適応的に処理できる「装置」（Information Processing System：ＩＰＳ）を持った人間が環境の情報を取り込み、処理して再び外部の環境側に行動として返す、というものです。大切なのがその情報処理装置の中身で、そこに従来の研究で構築されてきた、記憶の二重貯蔵モデル（短期記憶と長期記憶）を想定します。短期記憶は、外から入ってきた情報や内部で構成された情報を一時期ため込んだり、それらの作業をする作業台的な性格を持ちます。長期記憶はいわゆる知識の塊で、ソアモデルの優れている点は、その、われわれが持っている知識を三種類にわけ、それぞれが別の働きをすることを想定している点です。

一つ目の知識は、環境の側の目の前にある対象が「何」であるのかを判定する知識です。例えば、道を歩いていて頭に何か冷たいものを感じた時、それが「雨」であることを判定する知識です。ここで、「雨」という記号が頭に（正確には短期記憶＝作業記憶）におかれます。

次に、その「雨」なるものはいったい何なのか、という、その記号についての具体的な知識が駆動します。雨は冷たい、雨は人を濡らす、雨は植物を育てる、等の、無数にある「雨」についての知識です。これによって、雨なるものの「性質」が明らかになります。その性質の書かれた記号がふたたび作業記憶におかれます。

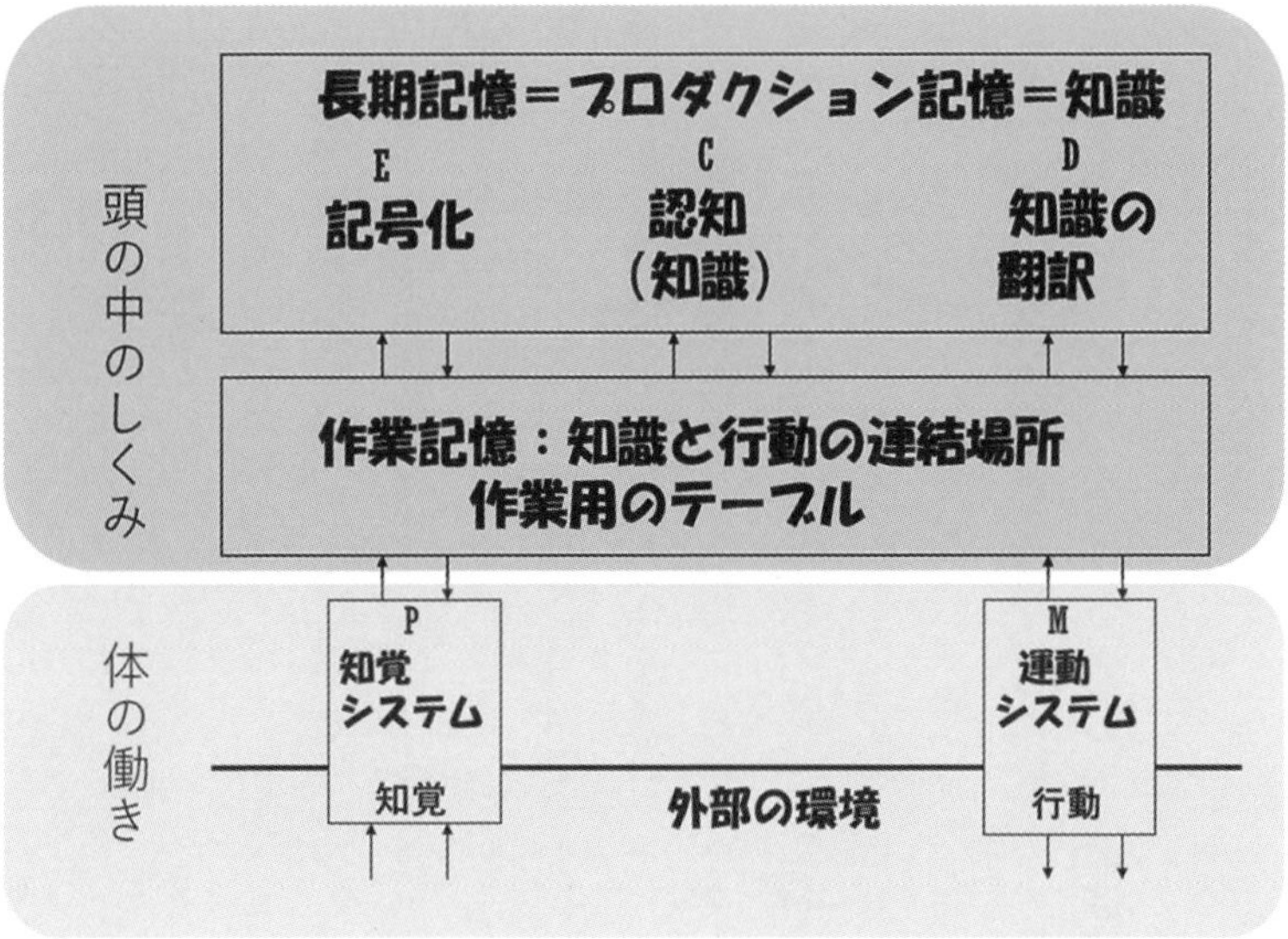

図４　SOAR モデル（Newell, A. 1990　Figure 4-15 より田中作成）

最後は、その性質を持つその対象について、どうすべきか、どうするか、の知識が駆動されます。雨なら人を濡らす、ということから、濡らさないように傘をさす、という行動レベルにつながる知識です。これによって、雨が降っても傘をさしてぬれずに済む、という問題解決が行われた、ということになります。

こうした一連の動きは、この雨になった時の問題解決のような事例ではほぼ一瞬に、無意識に行われますが、就職活動といった極めて複雑な問題解決時にも基本的には同じ構造で動いていると想定されます。このとき、こうした三種類の知識が最も重要な働きをしていることが分かります。これらは順に、外部のものを記号化する知識（Encoding：E）、その記号化されたものの性質を特定する知識（Cognition：C）、何かがわかったら、それについてどう対応するかについての、記号化されたものを外に出す（Decoding：D）知識、となります。外部の環境からの入力は知覚（Perception：P）を通して行われ、最後に運動機能を使った外部への出力（Motor：M）となります（図4参照）。この一連の流れをイニシアルで続ければPECDMとなります。先の問題解決の四構成要素（IGOR）のようにはうまく言い表せなくて残念です。

問題解決の諸相―再帰性と創造性

問題解決の過程を右記のように微視的にみるか、もう少し巨視的にみるかは、その必要性に応じて変わります。ここではもう一つ、その問題解決が同じような事、ある種わかりきったことの繰り返しなのか、何か新しいものを生み出す創造的なものなのかについてみていきます。

最近は、小学校教育の段階でも「探求」などという言葉が重要な位置を占めてきましたので、学校種によってどの段階はどう、という言い方は乱暴な議論になります。学校の授業を通した学びで、一定の手順（オペレーター）の正しい使い方を獲得すれば、その後はそれを適用することによって、時間はかかるにせよ原理的には必ず正答に至ることが保証される種類の問題解決をアルゴリズムによる問題解決と呼びます。数学や物理学の「問題」の解決がその典型で、仮に解決できないとしたら、E、C、Dいずれかの知識が不十分だったり、それらの運用ルールの不理解・逸脱だったりする、と考えます。理想的な情報処理人を要請すれば、だれもが一律に正答に至る、という極めて理念的な姿が見えます（その速い遅い、正確・不正確は、誤差や個人差とみなされます）。

一方、もう一つの問題解決は、いわゆる「正答」のない問題の解決です。アルゴリズムでの「正答」とは、だれにとってもその解を出すことでその正しさが保証されるもので、数学や物理学での問題はまさにそういうものです。しかしながら圧倒的多数の、われわれが日常的に接する問題状況は、そういった、一定の手順を遵守して臨めば早い遅いはあっても必ず「正答」に結びつくというようなものではありません。あるオペレーターを試してみて、うまくいかなければ別のものでやり直す、そうした、解決に結びつく手段を見つけ直して進めていく、そういう方法をとります。これをヒューリスティックスによる問題解決と呼んでいます。

この方法は、やってみないとその手段の正しさが分からない、仮にうまくいってもそれが正解であるかどうかすら分からない、ということで、極めて効率の悪い解決法です。ただ、日本語で「発見法」と呼ばれることがあるように、問題状況を極度に単純化してある種のアルゴリズムがあるかのようにふるまってしまうのではなく、適切な手段そのものを見つけながら進めていきます。そのうちに問題の構造そのものも捉えなおして、新たな問題への取り組み、という形に問題状況が変質することも含まれています。

これは実は以下に述べる、「創造性」ともかかわり、創造的問題解決と言えるでしょう。

大学の学びでの問題解決

大学では、基本的にはヒューリスティックスの学びが要求されます。しかしながら、中・高までに関連する領域の「学習」経験のなかった分野の学問では、新たに習得すべき知識やスキルには膨大なものがあり（例えば法学や医学等、その後の専門職試験にも結び付くような新奇な領域）、そこではある種のアルゴリズムが存在し、その習得が求められることになります。

一方でゼミを始めとする問題解決型の教科・内容では、当初から、その目標は個別断片の知識やスキルの獲得ではなく、そうしたものを総合してあらたな問題・課題に対して一定の解答を提示することが要求されます。学びのスタンスとしては徹頭徹尾、ヒューリスティックスが要求されることとなるのです。高校まではそうしたスキルの獲得を「授業」として受けてこなかったという前提で、いわゆる「初年次教育」がどの大学でも行われるようになっています。

第二章　協同活動としての学び

学習活動の「個人」性

従来の学習理論で言えば、学習活動は、あたかも迷路におかれたラットがその脱出ルートを学習する過程のように、個別の個体が問題や課題空間に置かれ、個別の経験で学習を完結する、といった、個人の営み、という印象があります。

しかしながら、実際の人間の様子をながめてみると、そのまわりには友人や兄弟、親、先生などがいて、むしろ個人で学習するという姿はありません。家庭での勉強は一人で、ということはあっても、少なくとも学校にいる間は、学習時間には必ずまわりに誰か他者がいます。見かけ上、学習はもともと他者といっしょに行っている、ともいえるでしょう。

しかしこれは、その活動が「学習」であれば、見かけ上まわりに他者が大勢いても、基本的には迷路脱出のラットのように、他からの支え無しに、一人で当該の事柄が学べることを前提にしており、補助教材等で外的な資源に頼ることはあっても協同で学習活動をしているとは言えません。学習活動はあくまでも個人の営みで、その成果がテストという形で可視化できるようになっています。

学びの協同性

それに対して、学びは当初からある種の他者との協同を前提とします。なぜそうなるのでしょうか。

それは、学びのもとのことば、学び（まねび）に立ち戻ってみればよく分かります。先に赤ちゃんの例で紹介したように、人間は、もともとの自分の行動レパートリーを外部の環境・事象に合わせてそれを取りこもうとする性向を持っています。真似る、倣う、は最も基本的な「変化」のメカニズムで、ピアジェがこれを「調節」（accommodation）という概念で発達の中心概念の一つに据えたのは慧眼と言えます。

先にも記した通り、まね、は、既存の行動レパートリーの変革を意味します。その動機は、あくまでも自己の外部の、広い意味での「環境」に大きな意味・意義を認め、それと同一化したいという自発的な意図から生じます。これをコーピングという表現で示すこともありますが、いずれにせよ、何とかしたい、という自発的な変化希求の現れの一つだとみなすことができます。学びはこのように、当初から、本人の行動レパートリーと、ある種自発的にその価値を認めた環境事象との積極的な相互作用を前提にしています。信頼できる大好きなお母さんのベロだしはまねるけど、知らないおじさんのベロだしは決してまねしない、と、赤ちゃんの段階でもその相互作用の動機づけははっきりしています。ここが、行き先のない行動変容である学習との大きな違いです。こうして、学びは「自ら認めた」価値のある事象を自分の内部に取り込もうとする営為として改めて定義することができます。

その営為は、現状を何とかしたい、ということに他なりませんから、これは問題解決そのものです。その問題解決を、どのように進めていくかということですが、そこには大きく分けて二つの方法があります。

一つは「自分一人で向かう」という方法です。特に誰からの補助・援助も得ず、自らの力だけで行う、という方法です。そしてもう一つは「他の人と協同して行う」というやり方です。

この分け方をすると、一人、対、他者を含む場合、という二者択一的な方法であるかのようにみえますが、「一人で」という場合も、ラットが迷路脱出するときのように本当に「一人」なのでしょうか？

例えば、「真夏に涼しく過ごす方法を述べよ」という課題のレポートを書く場合を想定してみましょう。この時、机にむかって「うーん」とうなりながら、時間をかけて完成したとしたら、典型的な、一人で書いた、ということになり、当初から友人や家族などとわいわい話しながら最終は一人で書いた、という場合は、他者と協同して書いた、ということになります。しかしながらこの二つに本質的に大きな違いはありません。

というのも、前者のひとりで机にむかって「うーん」とうなりながら、という場合でも、実は、自分の記憶の中にある知識や考え方などを取捨選択しながらレポートを構成していて、場合によってはインターネットで調べたり辞書・辞典、関連する文献を調べたりしているかもしれません。これは、友人や家族と話しながら、そこで得られたヒントも参考にして書きまとめていく行為と本質的な違いはありません。自分一人で、というのは実は幻想で、記憶にある知識やスキルも、本来他者との交渉の中で作り上げられたもので、友人や家族との語らいがヒントとなることとなんら変わりがありません。インターネットや関連文献の参照を考えれば、まさに「他者」との会話であることは明白です。

このように考えていくと、われわれがものごとを進めていくとき、「一人で」というのは幻想にすぎないことが分かります。自分の記憶や図書やインターネットも他者と同様、相互交渉する環境の一部だ、と考えるのが妥当です。人間はもともと、こうした、「他者」との相互交渉のなかでものごとを考えたり、判断したりしているのです。

共同と協同

そうした相互交渉には大きく分けて二種類のものがあります。

一つは、それほど共通の目標・目的はなくても、ある種簡単な操作（オペレーション）を共に行う、という、コオペレーション（cooperation）としての共同です。選挙の開票作業などがこの好例でしょう。票を開いて同じものを集める、という操作を他の人といっしょにしている、という事象です。

もう一つは、それぞれが一定の目標・目的を持った者が、それぞれの働き（labor）を尊重しながら共通の目的に沿って共に行うという、コラボレーション（collaboration）としての協同です。協働・協調、と表現される場合もあります。コラボ、という表現が日本語として定着するくらい、よく使われる用語です。

日本語表記についてはさまざまな知見があり、私は、前者を「共同」、後者を「協同」と訳しています（田中訳　二〇一七）が、混乱をきたしますので、本章のタイトルでは、コオペレーションとコラボレーションを含めた、ある種対話的な相互交渉を「協同」という表現にしています。

建設的相互作用

コラボレーション（協同）は、基本的に様々な意味で異質な者が、一定の目的を共有し、それぞれのメリットを生かして、集団（心理学では二名以上の人の集まりを集団と呼びます。さらに、そうした二人以上で何かすることを「社会的」という言い方をします）が一定の成果を目指すことをいいます。学習や学びの活動においては、この一定の成果とは、その学びの対象についてのより深い理解、を示します（運動や芸術活動ではより質の高いパフォーマンスを目指す、と言ってもいいでしょう）。こうして、他者がいることによるメリット・デメリットをそれぞれ社会的促進、社会的抑制、と呼びます。

他者がいることによるメリットの最も重要な部分は、そうしたコラボレーションによる社会的促進の側面です。しかし、ここで「他者がいる」というだけではそうした効果は期待できません。コラボレーションが意味を成すためには、まず第一に、そうした他者を認め、互いに依存するような構えを形成せねばなりません。一人でもできるのだが、他者がいるともっといいものができそうな気がする、という積極的な相互依存の構えです。そうすると、他者の意見を、無視したり拒絶したりする対象としてではなく、何かいいものが生まれそうな予感として捉え、その構えを共有することになります。積極的相互依存は、お互いにそれぞれが相手の認識に対して促進的に働く、促進的相互作用を生み出します。

三宅なほみさんは、これを建設的相互作用と名付けてその特徴を詳しく述べています。建設的、というのはconstructiveの訳で（といっても三宅さんはもともと英語論文でconstructive interactionと表現していますから、訳語、という言い方にはあてはまらないかもしれませんが）社会的構成主義（social constructivism）などで用いられる「創り上げていく」という意味です。ここにも以下の章の「創造性」の特徴が含まれています。

三宅さんは、ミシンについての知識やスキル・経験などが異なるさまざまな人を二人ずつペアにして、ミシンの縫い目がどうやってできるのか納得のいく説明を求めるという実験をしています(Miyake, 1986　三宅, 2014)。ここから、こうした場面での学びでは、一人で考えるよりずっと深い学びが二人ではできたことを報告しています。たとえ知識が少ない人と組んだとしても、その人からの、わかったつもりの人に対する「その説明じゃあよくわからない」という問いが、わかったつもりの人の理解のレベルを深め、説明がより分かりやすくなったり、教える―教わるの役割交代を通して考える枠を拡げたり、そうして、お互いに学ぼうとする動機づけが高まるといった事実を見出しています。

こうした相互作用によって、コラボレーションでは、より深い学びが実現できるものと考えられます。「他者」は、物理的他者であっても、文献等による「他者」であっても、自分の中にある「記憶・知識」という「他者」であってもいいわけです。それらと対話する、これが、協同による学びの本質であると言えます。

　私のゼミでの「他者」は、三回生にとっての四回生であったり、その逆であったり、同輩や私自身であったりします。そうしたさまざまな「他者」との対話の中で学びが形成されることが望まれます。

第三章　創造過程としての学び

新しいものを生み出すことを「創造する」といいます。これは、なにかを「つくる」ことの一つです。つくる、という場合の「創る」がこれに当たり「独創性のあるものを生み出す」の意となります（広辞苑（第七版　二〇一八））。そこでいう独創性とは、「模倣によらず自分一人の考えで独特のものを作り出すという特徴、これまでにないものを新しく作り出すさま」を言います（同上）。

学習のルーチンワーク性

学習は基本的に「環境と行動との関係性を変化させ、それを維持すること」ですから、こうした創造とは無縁のものに見えます。経験の中で獲得されたある種のルーチンワークを繰り返すことが行動変容の永続性であり、いったん獲得された知識やスキルは常に繰り返されることが前提になります。その意味で、獲得した行動のルーチンワーク化が学習と言えるでしょう。

学校での「勉強」がその典型で、新たなものを学習したら、その原則をさまざまなものにあてはめ、あらゆることをある種記号化して、獲得したルールや「文法」に則ってすべて解釈していきます。それができることが学習ができた、ということになります。個別断片の「……は……だ」という宣言的知識の塊、「……すれば……なる」「……なる現象をつくるためには……する」といった手続き的知識の塊、いずれにせよ、そうやって獲得された知識が新たなものとして蓄えられ、それによって、その後遭遇するあらゆる事柄は整合的に解釈され分類される、これが学習の典型的な側面です。自分の身の回りで起こるすべての事柄はそうしてなんら疑問なく解釈でき、行動はルーチン化した行動をとっていればそれでよし、となります。

第一章でソアモデルを紹介しましたが、これは実は、その一つ前のプロダクションシステムというモデルを発展させたものです。これは基本的にはIPSという、人間を情報処理システムとして扱うモデルの基本となるもので、学習を通して獲得した知識と、目の前の現象との絡みをシンプルに解説したモデルです。

このプロダクションシステムでは、人間の知識を、すべて、「もし……なら……である」とか、「もし……すれば……になる」といった、If…, then… という形で示されると考えます。右記の手続き的知識はもともとそういう形で示されていますが、「……は……だ」という、宣言する形の宣言的知識も実は手続き的知識の形に変えることができる、と考えます。例えば、雨は冷たい、という宣言的知識は、もし雨なら、それは冷たい、という形に変えることができます。こうして、知識をすべて手続き的な If…, then… の形に変え、これを「プロダクション」と呼んでいます。そのプロダクションが知識として長期記憶に無限に蓄えられていて、目の前の現象を if 文の前件に入れ、後件の then 部分を実行する、というのがこのプロダクションシステムの考え方です。こうして、現象、プロダクションの起動、そのプロダクションの後件（……する）を実行しているのが人間の行動だ、ということになります。

その意味で、学習された知識（宣言的知識）やスキル（手続き的知識）がどんなものであるかによって人間の行動は変わる、とみなし、その量や質の違いで人間の行動の質の違いが説明されますが、基本的に、それらを獲得してしまえばあとはその実行でルーチンワークを繰り返す、とみなすことになります。

言い換えれば、学習はその後のルーチンワークを保証する、ということになります。

学びの創造性

それに対して、学びのスタンスで獲得された知識やスキルは、もともとその利用可能性や利用の意義を考慮しながら獲得されたものですから、学んで次にどうするか、というある種未来志向性をもったもの、と言えます。既存のそうした知識やスキルではうまく解釈・処理ができない場合は、そうした知識やスキルそのものを変えようと努力します。常に目の前の現象はダイナミックに動くものとみなし、決してルーチンワークを決め込むようなことはしません。常に新たな何物かを作り出していく、そういう創造性がつきまとっていることになります。

そこで、こうした学びの創造性の特徴をいくつか考えてみましょう。

先に述べた通り、創造は独創、とも言い換えることができますが、この広辞苑の定義では学び手が一人であることが前提になっています。実際は第三章でみたとおり、学びには協同性が伴いますから、協同で創造性を発揮する、という場面を考えた方がいいと思います。

創造性については、心理学の歴史上も古くから関心の中心の一つとしてありましたが、それを研究する方法論が、一般的な心理学研究法にはなじまない部分があり（言語報告とかケース研究とか）、狭い意味での「実証性」を標榜していた時期には非科学的、あるいは研究の科学性が担保できないという理由であまり手をつけられなかった事実があります。

創造・独創、の広辞苑の定義はきわめて素人定義で、あまり賛同はできませんが、一般的にはそういう解釈があたっていると思います。

心理学で「創造性」（creativity）を定義する際にはさまざまな要因に配慮する必要があり、ひとことで述べることは大変困難です。私も一般によく用いられる有斐閣の「心理学辞典」（一九九九）に、創造的思考、創造的総合、創造的想像、の三項目を執筆しています（いずれも533頁）が、ある事柄が創造的であるかどうかは、いくつかの重要な基準があると思います。それは「単に奇をてらった」、「これまでのものとは違う」というだけの基準ではなく、むしろそれが将来的な発展性、色々な意味での社会的貢献性を孕んでいるか、という部分が大事であると思います。

一般的に、ある事柄が創造的であるかどうかの基準としては、独創性（originality）、希少性（uncommonality）、実用性（practicity）や繊細さ・賢明さ（sensitibity）、アイデアの生産性（productivity）や柔軟性（flexibility）、そのできあがった「作品」の潜在的な市場性（marketability）やアイデアの実現可能性（feasibility）、そのアイデアや「作品」の包括性（inclusiveness）や、汎用性・洞察性（insightfulness）（フィンクら　一九九九）を満たすかどうかが用いられます。これらすべてを満たせば極めて創造的なアイデア、作品といえるでしょうが、実際にはその一部が充足していれば創造性を持つものとみなされることが多いと思われます。

こういった事柄は、いったん獲得すればそれを活用してルーチンワークにひたればいいとする学習のスタンスでは決して考慮されることはありません。「学習」では、学習内容や学習方法にそういった性質が含まれているかどうかの吟味すら必要とされないからです。

しかしながら、学びにおいては、そこで学んだことが右の基準をみたしているかどうかということは極めて重要なことになります。なぜなら、それらの基準は、なぜそれを学ぶのか、学んでいったい自分はどうなるのかという、自己のアイデンティティの形成に深くかかわった基準を示しているからです。例えば、柔軟性などは、獲得した知識やスキルの、異なる環境下での適用可能性・汎用性も問うていて、単にそれが明示する環境と行動の関係性だけを示しているわけではないことを意味しています。

これは、学びにおいて、個別の知識・スキルを獲得するだけではなく、それらが運用されるルールや法則・文法、それそのものも変更されうるという発展的なメタの部分を十分に学ぶ、ということからきます。

ゼミを始めとした大学でのプロジェクト型、あるいは問題解決型の学びはこうした、メタの部分の力を身につけることを期待されたものであることを改めて確認しておきたいと思います。

第四章　感動・情動を伴うものとしての学び

学習の結果としての居心地の悪い感情

このように、学びの本質をみてきますと、もう一つ、学びの中には、単なる学習には前提とされていない、大きな特徴があることがわかります。それは、学びが問題解決的な行為であり、他者を巻き込んだ極めて協同的な活動であり、それは以後の自分をも方向付けるような創造的な活動の連続である、ということからくる、それを達成した時の大きな効力感・感動・ポジティブな感情が生じる、ということです。

学習においては、決められた手順に従って淡々と知識・スキルの獲得に勤しみ、それが十分に獲得できたことは試験の点数や望む機関への「合格」といった形で強く実感されることはあります。自分ではない、だれかが敷いてくれたレールに乗り、与えられたカリキュラムを誠実にこなし、予定された一塊の知識やスキルを持ち、予定された活躍の場で活躍できることが保証されていますから、それを成し遂げたという一定の達成感はもつことができるでしょう。私はこれを、疑似正統的中心参加としての学習、という言い方をしています。

学習の際には、まず、教師や親といった「他者」から達成すべき目標が提示されます。これは明示的に「……しなさい」「……に行きなさい」と指示されることもあれば、直接はだれからもそうは言われていないが、さまざまなことを忖度して、「……すべきだろうな」という目標を設定することもあります。「……大学合格」とか、「……高校合格」とかがその典型例です。大学の上位年次の人なら、企業、公務員、大学院等への合格内定、がそうでしょう。そこへの合格は、次のステップがある意味保証されていますから、その目標はきわめて正統な、本物の目標のようにみえますが、実は、自分はなにものか、どこに行こうとしているのか、という本質的な問いを棚上げにして、身近な、目の前の達成目標を立てさせられている、という意味で、その目標はある種偽物・疑似でしかありません。

そうした疑似的に正統だと考えさせられた目標に向かって進み、猛烈な学習活動、勉強の繰り返しでそこに至るまでに立ちはだかる「試験」という障壁を乗り越え、晴れてその行きたかったところに参加できる、という構造です。疑似の正統性を認識させられ、辛い試験を乗り越えさえすれば、そこに初めから中心的な存在であるかのようにふるまえる場がある、という状況です。疑似正統的・中心・参加であるわけです。だれもが経験したように、そこでの「合格」に伴う達成感は非常に大きなものがあります。感動も生じます。しかし同時に「何か違う」という居心地の悪い感情もすぐに出てきます。

その、「違う何か」とはいったい何でしょうか。

それは、立てた目標に対しての、心からの正統性の認知があったかどうか、ということになると思います。言い換えれば、その目標は、自分を十分に見つめ尽くして、その後「これは大切だ」「是非ここに行きたい」「それによって自分の先が展望できる」といった事柄が含まれていたかどうか、ということになります。目指す対象についての正統性の認知の有無です。目標のほんもの性の自覚の有無、と言い換えてもいいでしょう。

序章で紹介した私の履歴の場合、修士課程を終える段階で一度公務員試験を受けたことがある、と紹介しました。これは、今振り返っても、仮に合格していたとしても「しまった」と思っただろうと感じます。ましてや達成感や感動は皆無であったと思われます。なぜなら、それは「本当に」心からそうしたい、その後こうなるだろう、という設計が皆無であったからだと言えます。まさに、疑似正統性の感覚で立てた目標であったわけです。当然そこでの努力は、完全に学習のスタンスであったと思います。

学びを動機づける感動

それに対して、当初から学びのスタンスをもって臨んで努力した場合、あるいは当初はある種「やらされ」感を持った学習のスタンスであったが、やがてその取り組みが面白くなり、自主的・主体的にどんどんそれに取り組むようになり、なんとなく先の展望が見えてきたとき、その時々の学びの達成には大きな感動が伴います。今、自分のやっていることは極めて重要なことで、その達成の暁には何か明るいものが見える、という将来展望にもつながった学びの行為は、こうして、深い感動を伴うものです。

こうした感動やポジティブな感情は、実は、次に現れる同様な学びの姿勢を誘導し、ますます自分を何者かにしていく行動が深まり、また一定の達成、感動、次に……、とポジティブ・スパイラルに入ることができると思われます。
このように、学びは、問題解決活動としての学びの活動を通して、かつそれを協同という人間の本質的な学びの特徴を兼ね備えて、再帰的ではなく（ルーチンワークをこなすのではなく）常に新たな「より良い」ものを求めて進め、一定の完結を見た時には心地よい感動がうまれ、それが再び次の学びの動機づけにつながる、といういいサイクルを無理なく進めていくことにつながっていると思います。

大学のゼミで、そうしたことを学んでもらえれば、大学教育の一つの使命は達成できるかな、と考えています。以上、学びの哲学についての重要な四つのポイントを、本学大学院修了生で書家でもあるS・Hさんが、書にしたためてくれましたので、ここに紹介（写真4）し、謝意を表します。

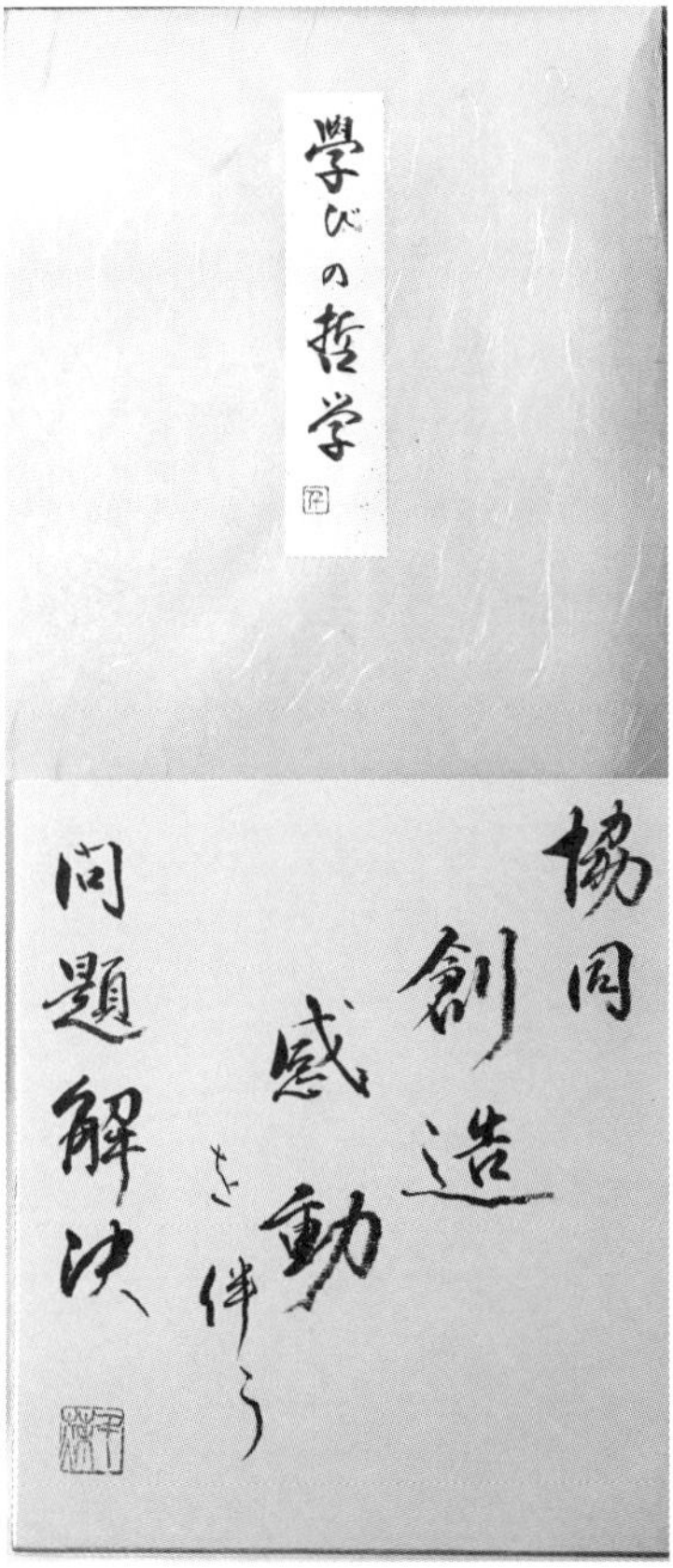

写真4　学びの哲学

第Ⅱ部

拡がっていく学び

第Ⅰ部で紹介した、大学での「学び」の哲学は、私が三十数年の大学教育に関わってきた中で獲得したある種の経験則であるのですが、それは現実的にはどのような形で実際の生活の中で生かされているのでしょうか。

第Ⅱ部では、ゼミを卒業した卒業生たちが、様々な場でどのような実感としてそれが生きているのか、現在の生活の様子を綴ってもらった文章の中からひも解いていきたいと思います。

実際のゼミの運営の中で、例えば年度始めに「ゼミでの生活ではこうしたことが得られると期待している」という形で、いわばルーブリックのチェック項目を事前に開示してゼミを始めるようなことはしていません。それをやっていて、さて現在どうなったか、を問えば、バイアスが働いて、私に都合のいい話をしてくれるに違いありません。いわゆる実験者期待効果・ローゼンサール効果・ピグマリオン効果が働いてしまいます。

また私自身としても、自分の理論・期待にあった部分をピックアップしてその正当性を主張する正事例確証方略・確証バイアスを働かせてしまって、自己撞着的な論になってしまいます。

そこで、ここではゼミの卒業生の現在の生活の様子を綴ってもらったものを紹介し、それが、第Ⅰ部で紹介した学びの四つの哲学とどのように結びついているのかという考察を通して、大学での学びはいったいどのように拡がっていったのかを検証していきたいと考えます。

私のゼミでは、すでに紹介している通り（田中・山田　二〇一五「大学で学ぶということ」及び、

山田　二〇一九「大学卒業研究ゼミの質的研究」、いずれもナカニシヤ出版）、これまで総計三六〇名を超えるゼミ生を輩出（二〇二〇年まで）してきました。

以下の論考を進めるにあたって、その協力者の選定は以下のような基準で行いました。

私のゼミ卒生には、大学・高校・中学校・小学校の教員・教諭、保育園の保育士等直接教育に関わる者や、公務員、専門職に就いている者、教育関連企業や一般企業に勤めるもの、自営業やベンチャー企業にいる者等、多彩な人材がいます。また、一九九一年卒業の一期生から二〇二〇年卒の者まで多年に渡っての卒業生がいます。

今回本書を編纂するにあたって、協力者を募りましたが、できるだけ多くの職種の方に登壇いただくことを第一に心掛けてお願いしました。

以下の章では、ゼミ卒業生からいただいた原稿をコラムの形で紹介し、それについて、第Ⅰ部での私の「学びの哲学」と対応させてコメントを加えながら、大学での学びがどのように拡がっていったのかを探ることとしました。いただいた原稿には私の「哲学」のキーワードを配置されたものもあれば、まったくそれには言及しないものもありますが、それらの原稿をエビデンスのデータとして用い、そこに「意味」を見出すという手法で以下進めていくこととします。

表記のしかたについては、以下の原則で繰り返したいと思います。

まず、章立てとして、現在、どのような場で活躍しているのか、それを章の名称で表します。その直後に、そのような場の全体的な特徴を記述し、以下、それに該当する数名の卒業生の原稿を紹介します。

紹介にあたっては、コラム担当者の氏名をイニシアルで表し、以前の著書の中で登場しているページを「Y・Yさん（ヨシ54）……」という形式で表現します。以前の図書とは、田中俊也・山田嘉徳著『大学で学ぶということ―ゼミを通した学びのリエゾン』（ナカニシヤ出版、二〇一五年）です。こちらと併せてお読みいただくと、担当者の背景を、よりリアリティをもって共有いただけるかと思います。この例の場合、「Y・Yさん（ヨシ54）」は、『大学で学ぶということ』の本の54ページにヨシという名前で紹介されています、という意味です。

コラムの本文は、本書の活字より1ポイント落とし、本文中の印象的な語句やフレーズの一部を太字にして、私自身が読者の一人としてアンダーラインを入れながら読み進んでいる、という風にしました。それらの部分の多くは、私自身が加えたコメントでも改めて太字になっていることがあります。

第五章　教育の現場で

ゼミの卒業生のなかで、保育所や、小学校・中学校・高等学校、支援学校（学級）に勤務している人たちがたくさんいます。これらは、ゼミでの学びと各論部分で直接つながることはまずないと思いますが、そこでのエッセンスは最も反映させていただきたい部分でもあります。それがどのようになっているのか、いくつかの事例で紹介します。

ここでは、中学校の教諭をしている人の中から、公立中学、私立中学（高校）の先生二人に登場していただきましょう。

まず初めのT・Fさん（たかとく19、20、22）は、卒業直後には金融関係の企業に就職し、その後三〇歳にして教師になった経歴を持つ人です。在学中は野球部に所属し、その意味でもさまざまな経験を経て現在に至っています。図らずも、私の「学びの哲学」をある意味そのまま体現してくれているようで、大変興味深く思われます。

■コラム1■　大学での学びと今の私

多忙な教師

現在、私は中学校の社会科教員をしています。教師となり二十年の月日が過ぎました。昨今は、働き方改革が叫ばれ、教師の過労ぶりがマスコミで取り上げられることも少なくありません。その仕事ぶりに世間の注目が集まってもいるようです。確かに、教師の仕事は多様です。教科指導だけでなく、生徒指導・部活指導・進路指導をはじめ保護者への対応や分掌とよばれる事務的な業務分担、その他にも運動会や学校祭、宿泊的行事（見学、宿泊研修、修学旅行等）などの行事関連の仕事などがあります。

毎朝、教職員間の打ち合わせから始まり、朝の会とよばれる短学活で生徒の様子を観察し、五時間あるいは六時間の授業が開始されます。授業の入っていない時間帯に授業準備を行ったり、生徒の提出物のチェックをしたり、事務的な仕事、行事の段取りなどを行います。昼食である給食の時間も観察や指導が欠かせません。好き嫌いなどの偏食傾向の把握やアレルギーへの配慮、盛り付け・片付けなど係り分担が遂行されているかの確認などです。休み時間をどのように過ごしているのかも重要な観察事項です。生徒との意思疎通を図るだけでなく、いじめなどの問題をいち早く発見するのにも欠かせないものだからです。放課後とよばれる授業後の時間も生徒は解き放たれるのではなく、清掃活動を行いその後、部活動や委員会活動などが展開されることが大半です。その間、教師は生徒の学びを保障し、人間的な成長を育むべく心血を注ぎます。

勿論、生徒と接している時間だけが業務というわけではありません。授業プリントや学級通信、会議の資料の作成・印刷などはほぼ毎日ある仕事です。定期テストの時期になると作問・採点そして評価と、短期間にかなりの労力となる業務が待っています。段取り八分などという人もいる通り、授業も学活も行事も会議も、スムーズに進行するためには事前の準備が欠かせないのです。それは、教師も他の職種も同様のことでしょう。

自分にとっての問題解決

教育や心理ということに興味関心を持って関西大学文学部教育学科（当時）に入学した私ですが、卒業後の進路は金融機関でした。バブルの頃で金融機関の門戸が広く、一方で教員採用は氷河期で地元の中学校社会科の採用倍率は一〇〇倍を超えていました。大学卒業時に教師にならなかった理由として、当時の、教師に対する「世間知らずだ」とのマスコミの批判や、正規に採用されずとも臨時に採用を受けそれを重ねて教師になるという道もあるということを知らなかった、などあれこれ並べることはできますが、今思うと、当たって砕けるのがただ怖かったからなのだと思い当たります。

金融機関に勤めた六年余りの間も自分探しは続き、ようやく三〇歳を過ぎた頃に教師への転職を決意したのでした。それは、**人生を問題解決の過程だと考え、自分が何者かになっていくという過程での学びであったとまさに思わされる**ものです。そして、実社会の前段に大学での学びを通じた模擬体験や疑似体験があることは、複雑さを増すばかりの社会を生き抜くために有意なものであることを強く実感しました。

教育現場では様々な問題が提起されます。いじめ、不登校、怠学、低学力、体罰など社会の関心も高く、ニュースで取り上げられることは頻繁です。**思春期とよばれる成長途上にある中学生が課題や悩みを抱え、いろいろな問題を提起することは至極当然**のことだと思います。その提起される問題に教師たちは、時には振り回され、時には毅然と立ちはだかり受け止めていきます。かつては、スーパー教師あるいはカリスマ教師という存在の誕生がそんな生徒たちを救うといったストーリーがテレビ番組等を通して社会全体で共有されていたのではないかと思います。私自身も少なくとも若い時には、そういった存在の魅力に憧れ、自分を重ねようともがいていたのだと思われます。

協同の大切さ

しかし現実は、一人の教師の力はやはり小さなものです。生徒の問題は、同じ不登校であっても一人一人その背景や状況は異なります。人の数だけ成長の仕方があり、多様なのです。自分ではよく観察し、さまざまな状況を考察し、あらゆる方策や方向性から判断したと思えることでも、人の気持ちや心とはわからないものです。生徒や保護者の意外な反応や返答に窮したり困惑したり、また発見したり歓喜したりといったことは、長年教師をしていると数え切れません。自分一人の考えは限局的であることが少なくないのです。

このことからも、**教師集団の協同による多面的・多角的な対応こそが、多様で混沌とした生徒のあり方によりそうものとなる**ことは明白です。とはいうものの、生徒の成長を願うことでは一致する教師集団でも、その見取りや方策について時に意見を異にすることがあります。願いが強ければ強いほど、その見解の違いに譲れないものを感じることがあるからです。そんな時こそ、**共同体の他者の意見等を取り入れながら、自らのどうしても退けない部分との折り合いをつけ、多種多様な協同体制をつくる力が試されます。学びの持つ協同性がこんなところでも生かされる**ことに驚かされます。

創造が生命線

他の仕事でもそうでしょうが、教師の仕事での一番の楽しさは、授業であれ部活であれ、何かを作り編み出すことだと思います。**授業の構想を練る、プリントをつくる、部活であれば新しい練習メニューを考える、その生徒に合ったトレーニングを発案するといったことです。それは、決して簡単なことではなく、頭を抱えることも多く、アイデアが浮かばないことばかりですが、編み出し作ったものがどのような作用をもたらすのかを想像することは、なにより楽しいものです。**そして、そんな楽しさを持って生き生きと生徒と接している教師の姿が大きな教育効果を生み出すであろうことに疑いの余地はないでしょう。このように学びにも仕事にも継続していくうえで創造的な活動が欠かせません。まして、一人一人異なる個性を持つ生徒と対峙する教師には、マニュアル以上に創造的対応こそが生命線であると考えます。

達成感と感動

そして、**四苦八苦、試行錯誤した先に、手ごたえや思わぬ反応、結果が得られた時に教師としてのやりがいや達成感が生まれます。それは、新たな問題を解決した時に大きな手ごたえを感じ、そこに大きな感動が伴う学びと同様**なのだと思います。ただ、結果について、点数や勝利といった目に見える数字にばかり目を奪われないように気をつけたいとも考えます。学力であれば点数、部活であれば勝利といった結果の重要性を否定するつもりは勿論ありません。物差しとしての数値はわかりやすく絶対です。ただそのことばかりにこだわり、生徒の姿に目が向かなかったり、子どもたちの価値観がゆがめられたり、社会全体に閉塞感がもたらされたりすることにも注意が必要です。行き過ぎた点数主義や勝利至上主義に警鐘が鳴らされることは当然のことだと思います。科学的な根拠や互いの意思疎通といった心情にもとづく達成感や感動こそが教師のやりがいなのです。

これからの子どもたちが持つべき力

昨今の教育界での大きな話題のひとつは、ＡＩの進展により子どもたちの将来はどのように変貌していくのかということです。ＡＩにより職を失ってしまうのではないかとの危惧です。公立中学校の教員であることを自負している私は、公教育の力によってより多くの子どもたちに豊かな社会の一員になってもらい、より良い社会や世界を築いていってほしいとの夢を抱いています。基礎学力の定着や自発的な部活動への指導は、どの子どもたちにも平等に公平に教育の機会が保障され、個性を発揮し成長していってほしいとの望みを土台としたものです。

授業では**どのようにして興味関心を高めるか、面白くわかりやすいものにするか**に心を砕き、部活では**技術の習得や勝利への執念だけでなく、他者理解や物を大切にする気持ちを育むこと**も大事にしてきました。今後もその思いに変わりはありませんが、これからの時代を生き抜く子どもたちを育むために、これからの時代に対応するために必要だと考えられている二一世紀型スキルや非認知的スキル、汎用的スキル、そしてあらゆる学びの基礎となる読解力といったことも念頭に精進していきたいと考えているところです。そのいずれをも育み培ううえで、学びでの問題解決、協同、創造、感動といった経験が欠かせないものであることはいうまでもありません。

（一九九三年卒　Ｔ・Ｆ　公立中学校教員）

Ｔ・Ｆさんは、自分自身の人生も学校教育の中もまさに問題解決の場であると語ります。「**人生を問題解決の過程だと考え、自分が何者かになっていくという過程での学びであったとまさに思わ**

される」「思春期とよばれる成長途上にある中学生が課題や悩みを抱え、いろいろな問題を提起することは至極当然」としています。また、そうした問題解決はまさに教師集団のなかで協同して行われること、その結果大きな達成感や感動が生まれることを強く主張しています。さらに教師の本質的な仕事の一つは「創造」であると、以下のように語っています。「授業の構想を練る、プリントをつくる、部活であれば新しい練習メニューを考える、その生徒に合ったトレーニングを発案するといったことです。それは、決して簡単なことではなく、頭を抱えることも多く、アイデアが浮かばないことばかりですが、編み出し作ったものがどのような作用をもたらすのかを想像することは、なにより楽しいものです。」創造的な仕事でありかつそれが楽しいのだ、ということを実感・実践している様子がよくわかります。

次のY・Hさん（よしと15、17、19、22、55）は、プロ野球界にも多くの人材を輩出したかつての名門校の出身で、卒業後ずっとそこに携わり、現在に至っています。教員、寮長、クラブ顧問等多忙な毎日を送っている様子が分かります。

■コラム2■

ゼミで学んだこと─そして今、これから

教員と寮長とクラブ顧問と

私は今、母校で社会科の教員をしながら、中高生男子寮の寮長をしています。自分が学生時代に生活した古巣へ三〇年ぶりに帰り、未来ある若人に囲まれて生活しているわけですが、その中で日々再確認していることがあります。それは、**人生は問題を通した学びの連続で、問題解決こそが人生だということ。そして学びが協同で行われるのであるならば、協同する仲間との出会いこそが人生の宝であるということです。**

朝から晩まで、中学一年生から高校三年生までが一緒に生活していますと、子供達の周りで発生する問題のサイズや複雑さが、歳とともに随分と変化していくのが分かります。そのプロセスで、子供達が協同する対象を、自分の親から教師や仲間へと変えていくのを目の当たりにしながら、私がかつて関西大学で大切な師や仲間に出会ったように、彼らにもそんな未来が拓けてゆけと願わずにはいられません。ですから自ずと彼らを最高学府へと送り出す前に、日々声をかけていく上で心がけていることは「出会いに恵まれる人であれ！」ということです。

個性と共感と

出会いに恵まれるためには、人が集う個性、キャラみたいなものも大切な要素なのかもしれませんが、人と意見が異なった時、まずは相手を理解したいと考えられること、そんな心を育んでいることが、実はもっと大切だと感じています。**意見が異なっても、相手の考え方を尊重できる大人へのステップ**が、今の彼らの日常には存在し、そんな大人へのステップをしっかり踏みしめ登った仲間が、私たちの田中ゼミにはたくさんいました。卒論提出締め切り直前まで、周囲に多くの助っ人を集わせたTくんなどは、その代表かもしれません。そんな仲間と幸せな時間を過ごさせてもらっていたのだなと、今でもなつかしく思い出されます。

田中ゼミで、私は「リーダーシップ」について学びました。目標を達成しようとする「P（Performance）

機能」と人間関係に配慮して集団を維持しようとする「M（Maintenance）機能」の二種類の要素、「PM理論」についての学習でした。

リーダーシップの大切さは、クラス担任や寮長という立場よりも、バトントワーリング部の顧問を務める上で再認識することが多く、毎年成熟度も変わるチームを前に、ゼミでの学びが自然と役に立ちました。

問題は生じるものだし解決できるもの

クラブ顧問としては常に、「いかなる問題も必ず解決できる」、「解決できない問題は現れない」という方針で臨んでいました。例え失敗しても、勝負に負けても、未来ある若者ですので、人生の次のステージに活かすことができれば解決、という理屈で支えた方針ですが、その渦中、プロセスにいる若い彼女たちにとっては、どの問題も大きく、涙するほど深刻です。そんな中で、のん気なオッサン顧問の近くでいつも力を発揮してくれたのが、PとMの役割を担ってくれたキャプテンたちで、文化継承の良き手本のような存在でした。

全国大会、そして世界大会で一位、二位を争うステージ。そんな高みに立ったことのない私には、彼女たちの目に、果たしてどんな光景が映っているのか、毎年想像することしかできませんでしたが、**果敢に問題に挑戦し続けていくことで新しい作品を創造する学び、経験は、勝敗をも超えて、人生の上で肥やしとなっていく**のだと、彼女たちが次のステップ、それぞれの大学という学びの場で大きく花開いてくれていることで、今、信念となっています。

クラブでもゼミでも、良いチーム作りに無難な道はありません。

「大いに意見を主張し合うことが大切です」と俊也先生に言われ、最初は戸惑うこともあったなぁと思い出されます。そしてそれと同じく大切で、ありがたかったと思い返されるのが、「なるほど、そういう考え方もありますね！」という俊也先生のリアクション。おそらく、私（たち）はつたなく薄っぺらな意見もたくさん言っていたはずです。でも、記憶をたどって思い起こされるのは、先生に認めてもらったことばかり。今の私たちよりずっと若かったはずの当時の先生の、懐の深さを思わずにはいられません。きっと先生は私たちの青さ、未熟さの中にでさえ、新しい創造を見いだそうといつも心がけておられたのでしょう。
私たちは今も問題解決のまっただ中で、「大変だ！」「大変だ!!」「大変だぁっ!!! 終わり！」という人生の道程にいるのでしょう。これからどれぐらいの時間、子供達と関わっていけるのかは分かりませんが、私も俊也先生のように、いつも新しい学びから感動が得られるような時間を過ごしていきたいと思います。手間のかかる年頃の子供達を、「キラキラ個性の宝石箱やぁ〜！」と楽しみながら（笑）

（一九九三年卒　Y・H　私立中学・高校校教員）

Y・Hさんは、冒頭でいきなりゼミで学んだこと、の結論を述べています。「**人生は問題を通した学びの連続で、問題解決こそが人生だということ。そして学びが協同で行われるのであるならば、協同する仲間との出会いこそが人生の宝である**」と。特にその後、クラブ活動の指導などで、新しいものを創り出す学び・経験、そこから得られる感動の重要さについて述べています。

いずれも、中学生期という最も多感な時期に、どう対応すべきかということについて興味深い論・実践を紹介してくれています。

第六章　大学事務職の立場で

ゼミの卒業生で大学の職員になっている人も大勢います。母校の事務職員から、他大学の職員まで様々です。非常勤職員のかたもいます。こうした人たちは、すべて自力でその道を拓き、とてもいい仕事をしてくれています。そのうちの一人は他大学の大学教員に転身した経歴をもちますが、事務職時代の経歴がユニークでもあるのでここで紹介します。

まずは、ゼミからの事務職採用の走りとなったK・Tさん（くみ15、17、20、22）の紹介をします。これ以後、合計四名が卒業時に事務職員で正規採用されています。

■コラム３■　議論の大切さを知る

田中先生とは同期生

田中俊也先生の関西大学着任年と私の関西大学入学年は同じ平成元年です。今でも、大学入学式後にはじめて文学部教育学科の仲間が集合した教室や教員紹介の風景、ドキドキワクワクした感情を思い出すことができます。田中先生が私たち入学生に対して、「僕も着任したばかり。君たちと同期生ですよ」と優しく語りかけてくださったことも鮮明に覚えています。当時は入学時から学科専攻者が決定していたので、文学部教育学科の仲間とともに一～二回生の間は語学や一般教養科目が中心となりますが、必修科目もあったので割と仲間意識が強い学年でした。私自身は漠然と心理学を勉強したいと思って関西大学を志望したのですが、臨床心理学だけでなく、認知心理学の世界にも興味を持ち、三回生のゼミ選択時に田中先生にご担当いただくこととなりました。「見る」ということは「判断している」こと、同じものを見ても人により見え方は違うということ。すごく当たり前のことなのですが、当時の私には大きな気づきとなりました。この気づきは卒業論文のテーマでもとりあげました。

田中ゼミでは……

さて、田中ゼミでは有名なブラザー＆シスター制度があり、三回生の間から四回生の卒論に取り組む姿勢を間近に見ることができました。ゼミ合宿や飲み会、有志でのゼミ旅行もあり、人間好きな仲間も多くて和気あいあいとした雰囲気でにぎやかでした。ゼミ生も多かったので、田中先生のご指導も順番待ちでした。卒業してから四半世紀という長い時間が経ちましたが、現在もゼミ仲間としてつながっています。

そのような田中ゼミ経験のなかで特に私が**社会に出てからもたびたび実感するのは「議論の大切さ」をゼミで学んだこと**です。「議論することは意見を言うこと、意見を言うことは周りと違う意見もあるはずで、多数派の意見もあれば、少数派の意見もある。仲良しの友人と違う意見の時もある。でもそれは自分で考えた「意見」なのであるから、きちんと披露するべきである。**違う意見を言うことはその人の人格を否定するものではない。互いの意見を聞いてその背景を探ろう。そうすればより良い議論になりますよ。**」田中先生がゼミ発表の時など度々指導してくださった言葉です。私は人の意見に異を唱えることはその後の人間関係に影響するのではと無意識に思っていた節があったため、まさに「目からうろこの言葉」でした。自分と違う意見でもその背景を知ることが重要だという姿勢はその後の人生でも座右の銘となっています。

大学職員として……

大学生活を通して、教育に関係する仕事に就きたいと考え、自分が通っている関西大学について調べたところ、学生として見えているところはほんの一部分なのだという驚きがありました。そして、見えているようで見えていないことをもっと知りたくて、大学職員を志望しました。

関西大学に入職後は学生時代に取得した司書の資格の関係で長い間大学図書館勤務となりました。一九九〇年代後半からはインターネットの普及もあり、**大学図書館も紙媒体の時代から電子媒体の資料にパラダイム転換する時代で、試行錯誤することが多かった**です。パラダイム転換といっても、紙の資料も電子資料もどちらにも長所短所があり、どちらの長所も生かす工夫が必要で、経費をいかに抑えてそれを実行できるかに取り組みました。

現在は、高槻ミューズキャンパス社会安全学部のオフィス勤務となり、教員と学生との距離が近いところで仕事をしております。学生との年齢差もあり、自分が大学生の頃を参考にできないようなびっくりするような相談も多いのですが、自分の枠で判断せず、相手の背景を理解しようとする姿勢を大切にしております。見えているようで見えていないもの……それを知ろうとする姿勢と自分の意見も伝えることの大切さを常に意識し、これからも実践していきたいと考えています。

（一九九三年卒　K・T　学校法人・大学職員）

K・Tさんは、長く大学図書館勤務で、その中で、紙媒体から電子媒体に移行する時期を経験し、図書館経費の削減問題とも向き合わねばならず、パラダイム転換という形で変化への対応を創造的に捉えようとする姿勢があることが伺われます。学術雑誌の購入については多くの大学で同じような問題を抱え、協同して問題解決にあたる必要性も感じているようです。これはゼミでの「**違う意見を言うことはその人の人格を否定するものではない。互いの意見を聞いてその背景を探ろう。そうすればより良い議論になります**」というスタンスを継続するという形で、ゼミでの学びが生きているのかもしれません。議論は協同の基本であり、建設的相互作用のもっとも基礎的な構成要素になります。そこから建設・創造がうまれるものと思います。

次のH・Yさん（ひろあき71、72、78）は、第九章の、複数のキャリアの経験者にあたり、また、現在は大学教員ですので第七章で紹介してもいいのですが、元事務職であった時に原稿をいただいていたのでここで紹介します。二〇一九年度から、大学教員に移籍しています。

H・Yさんはゼミ在籍中はもう一人の女子学生（ともこ71、72、78）とコンビで三・四回生あわせて二七名にもなる大所帯をうまく運営してくれました。四回生の時には大学院進学も考えて受験し合格していましたが、もう一方で大学運営にも強い関心を持ち、採用試験合格後、結局大学職員の道を選びました。職員になってからはその手腕を発揮し、同時に在職中に貴重な機関に出向もさせていただくことができ、最終的に、所期の目的の大学教員の道を選んでいます。

■コラム4■

大学をいろいろな視点から見る

大学の授業でのショック

大学に入学した当時の私は大学進学することがゴールであり、大学入学後の学びも自分の将来も漠然と考えていました。それが如実に表れている典型例として、仲の良い友達が「教師」を目指すと言うから、自らも「教師」を目指そうとする、「流され体質」、いわば受け身体質でした。自分のやりたいことは明確ではないけど、皆がやるっていうからやろう、そんな自分の意思があまりない新入生でした。

しかし、大学一年次に文学部初年次導入科目である「知のナヴィゲーター」を受講したことによって、大学ではそれが正しい姿ではないことを学びました。この授業で、人に流され、指示されることを待つだけでなく、自らの意思で主体的に学び、自らが発信することが大学での学びでは大切である、大学時代はいくら失敗してもいい、ということを教わりました。これまで、受け身型、詰込み型の教育しか経験してこなかった私にとっては、この話は非常に衝撃的でした。この話をきっかけに、元来、人見知りで、人前で話すことや人を巻き込むことが苦手だった私でしたが、グループワーク等でも積極的に発言し、少しずつ周りを巻き込むように心がけていきました。

人を変え成長させる大学、の実感

この経験や、ゼミを中心とする大学での学びを自ら経験して、「大学教育によって人は変われる、成長できる」と感じ、自分自身、学生生活を続けていく中でどんどん自分が変われたという実感が生まれました。このことから、大学教育に携わる仕事をしたい、と思うようになり、卒業論文では、初年次教育を題材に執筆しました。具体的には、大学生が入学当初に抱えている不安の解消方法の一つとして初年次教育の導入が効果をもたらしたことについて調査研究を通してまとめました。研究は面白く、大学院に進んでさらに研究したいという気持ちもあり、受験して合格しましたが、同時に、大学教育の現場に職員として身を置きたいという気持ちも強く、結局は母校の大学に事務職員として就職しました。この仕事は、自らが目指していた「教師」とも近い「教育」に携われること、また、良くも悪くも緩やかで独特の雰囲気を持つ「大学」という教育の場に惚れてしまったことからも、自分にとって最適の仕事だと思っています。

大学での業務とさらに学びたいという志向

入職後は学生の履修や成績などの相談を受ける窓口対応から、必修科目や選択科目などの兼ね合いを踏まえながらの時間割編成、定期試験の運営や成績・学籍情報の管理などといった教務事務を四年間経験しました。

その後、出向という形で東京にある公益財団法人大学基準協会という評価機関で二年間勤務しました。この機関は一九四七年に発足し、国・公・私立大学四十六校を発起校として設立した自立的な大学団体で「会員（大学）の自主的努力と相互的援助によってわが国における大学の質的向上をはかる」ことを目的としています。二〇〇四年度には機関別認証評価機関としての認証を受け、わが国ではじめての認証評価を実施することになりました。大学の適格性を評価することを委託された機関で、私はその事務局として、評価の「いろは」を学びつつ、機関別認証評価に係る全般的な法令、制度、知識、評価者が評価する観点というものを、業務経験を通じて得ることができました。この二年間でさまざまな大学から評価委員として推薦された大学の先生方や職員の方々と会議・実地調査等も行い、「大学」はどうあるべきかということについて深く考えさせられました。

大学に戻った後は、企画管理課という部署で、法人全体の自己点検・評価の実施や機関別認証評価の対応、中長期計画の策定・実行支援等を行うなど、出向先における大学の評価に関わる経験や教務事務の経験から学んだことを、直接的にも間接的にも生かすことができたと強く感じました。

一方で、入職前からマクロな視点で俯瞰的に大学教育をとらえようとする意識があったことも影響し、入職三年目には大学の行政・管理・運営にわたる専門的知識・能力を有する大学アドミニストレーター（大学経営の専門家）の養成等を目的とする大学院の修士課程に入学しました。そこでは知識・理論を学ぶとともに諸先輩方の実践経験をお伺いし、大学基準協会での実務的な学びをより強固なものにすることができました。修士修了後、さらに学びの志向性は高まり、現在、在職のまま、博士後期課程での学びを続けています。ここでは、人的資源管理論や質的研究法などを学びつつ、大学職員が成長する要因や能力開発にする「きっかけ」などについてインタヴュー調査を行い、調査・分析するなど現在進行形で「人を育てること」に向き合っています。私のような事務職員のこうした学びに理解を示して頂いた上司や同僚、法人の姿勢にはいつも敬意を表しています。

しかし、いくら学んでも、培った知識・能力の専門性がいくら高くても、部署異動があればこれまでの学びが生かせなくなるのでは、という葛藤が年数を経るにつれて徐々に生じてきました。そんな中、データ分析を通じて大学の改善・改革に参画できる特任助教の公募が公立大学法人広島市立大学で行われていましたので、思い切って飛び込むことにしました。現在では大学の改善・改革を推進するための施策を主体的に提案する傍ら、研究に勤しんでいます。

私の行動・判断基準はどこからきたのか

私は、「本質を見極めたうえで問題解決をすること」、そして大学の使命の一つでもある「人を育てること」、個人レベルでは「行動力」を私自身の行動・判断規準にしています。

「本質とは何か」という議論となると難しいのですが、私の場合はマクロな視点に立った時や、全体としての最適解を考えたときのベストな選択は何かを考えることが本質を見極めるということだと考えますので、今の立ち位置だと「大学・法人」にとって何がベストな選択なのか、というスタンスになろうかと思います。

一方「人を育てること」ですが、入職後、だんだんと「学生を育てる職員を育てられれば、多くの学生を育てられるのではないか」という視点を強く持つようになり、スタッフ・ディベロップメント、いわゆるＳＤなどの大学の教職員を対象とする人材育成の大切さを強く意識しています。

「行動力」は「自らワクワクすることにフットワーク軽くチャレンジする」ことで、やらずに後悔するならやって後悔する方がベター、という考えのもとで行動するようにしています。仕事に感動を持つことは極めて重要なことだと考えています。

こうしたポリシーは、大学でのさまざまな学びを通してその核となるものが形成され、現在の仕事の中で、また大学院での学びの中で力強く形成されてきたのだという実感を強く持っています。

（二〇一〇年卒　Ｈ・Ｙ　元学校法人・大学職員　現公立大学教員）

Ｈ・Ｙさんにとって、ゼミでの学びというより、大学という機関そのものが学びの場であり「こ

の仕事は、自らが目指していた「教師」とも近い「教育」に携われること、また、良くも悪くも緩やかで独特の雰囲気を持つ「大学」という教育の場に惚れてしまったことからも、自分にとって最適の仕事だ」と述べています。それを職員の立場で行うか、教員の立場で行うかはおおきな差はない、と判断しているようです。こうした、教育機関・教育資源としての「大学」をきちんと考え、リードしていく人材は今後ますます必要とされるものと思われます。また、その学び続ける姿勢は、「**本質を見極めたうえで問題解決をすること**」のための手段であり、「問題解決」を外部から与えられた「課題解決」ではなく「**マクロな視点に立った時や、全体としての最適解を考えたときのベストな選択は何かを考えること**」という「本質」を見極めた判断・意思決定だと捉えていることがよくわかります。こうした深い洞察で大学教育を考えていただくことは極めて重要であると考えられます。大学職員としてのスタンスを熟知した（大学行政管理学会の理事も務めていました）上で、今後の、教員として、研究者としての活躍が期待されます。

第七章　大学教員の立場で

ゼミを卒業して内外の大学院に進学、博士の学位をとって（未取得も含め）大学教員をしている人たちもたくさんいます。ここではその中で、いくつかの事例について紹介しましょう。

初めのT・Mさん（たいすけ　30、31、41）は、よく通る大きな声で講義をするのが特徴です。それもそのはず、学生時代には吟詩部で詩を詠むことをずっと行っていました。認知心理学の中でも特に記憶についての研究で学位を取得しています。

コラム5

大学での学びの伴走者として

握りこぶしに力を込める

江戸城外濠が見える研究室の机の前に一人で座り、二週間に一度、小さくガッツポーズをします。隔週で提出されるレポートに目を通して、学生が自発的にオリジナルな統計解析や理論構築に取り組んでいることを確認し、思わず握りこぶしに力を込めます。大学に教員として勤務する私にとって、この上なく幸せな瞬間です。

誰が知識を作るのか

現在の私を方向づけている出来事には二つのものがあり、その一つは大学で履修した心理学実験法の授業です。伝統的な実験を実験者・参加者を交代しながらグループで実施し、そこで得られたデータを分析してみると、これまで書籍や講義を通して学んだ現象がどこか遠くで起こっていることではなく、自分や周りのクラスメートの認識・行動に確かに生じているものであることが実感でき、灰色であった知識が色鮮やかな生きた知識になったように感じました。さらにレポートを作成するために、得られたデータの条件ごとの違いを精査すると、その背後に人間の認識や行動を支えるメカニズムの内実が垣間見えた気がしました。

もちろん、そこで私が得たものは、すでに先人が繰り返し確認してきた知見であり、新たに発見されたことではありません。しかし書籍や講義を通して効率良く知識を獲得することに慣れていた私にとって、たとえちっぽけなものでも自分で考えて知識を生成できるという経験は、先入観に揺さぶりをかけるのに十分なものでした。その先入観とは、知識とはどこか遠くに存在する完全無欠の存在が生成したものであり、一般人はそれを有り難く吸収し、活用すれば良いのである、との考えです。知識が生成される場に立ち会うことにより、実は誰でも知識を生成することができ、自分もその当事者になれそうであると思えました。また同時に、既存の知識を尊重することは重要であるものの、それを絶対的なものとして無批判に崇める必要はないのではないか、という気もしてきました。

ジャングルへの潜入

現在の私を方向づけているもう一つの出来事は、大学四回生の時のゼミです。一般に、最高年次のゼミでは担当教員が設定したテーマに基づき、または先輩が実施した研究を受け継ぐ形で、ゼミ生が研究を実施することが多いかもしれません。しかし私が所属した田中ゼミでは、そのようなテーマの制限がなく、自分で自由に研究テーマを設定できる場となっていました。私は、具体的にこれについて研究をしたいという確固としたテーマを持っていなかったにもかかわらず、各自のテーマを追究することができるゼミに所属をさせてもらうことになりました。

テーマ設定が自由であることに対し無邪気にも開放感を感じていた私が、ゼミに所属するまで理解していなかったことがあります。それは自由に研究テーマを設定できるということは、多数の選択肢のなかから最適なものを選びとることが求められるというだけでなく、その前に、選択肢すら自分で探し出す必要がある、ということでした。宝を求めて途方もなく広いジャングルに分け入ろうとしているのに、宝にたどり着くにはどの道から進入すればよいのか、その道はどこにあるのか、そもそも何を探すのかの見当もつかない状況に自分が置かれていることにゼミに所属してから気づいたのです。その状況の厳しさが理解できたとき、果たして自分は無事に自分の宝を見つけ出すことができるのかと身がすくむ思いがしました。しかしゼミが始まってみると、そこには、ジャングルでの探検に熟達したプロの研究者である**指導教授や、自分なりの宝を見つけ出そうとして私と同時に走り出した研究仲間、既に見事な宝を見つけ出した歴代の先輩方がいること**に気づきました。それらの存在に勇気づけられながら、また、指導教授から絶妙なタイミングで道案内をいただきながら研究を進めたところ、納得のできる卒業論文を書くことができました。論文を書き上げたとき私が感じたのは、問題を解くための知識を自分で生成することができるだけでなく、問題そのものすら自分で発見できるということ、そして、それはとても楽しいということでした。

喜びを拡げる

大学時代に知識の生成と問題の発見の喜びを知り、その喜びをもっと味わいたい、また、自分だけが喜びを独占するのではなく、他の人にもその喜びを味わって人生を納得のできるものにしてもらえれば、と夢想するようになりました。そこで私は卒業後の進路として大学院を選び、プロの研究者・教育者になるためのトレーニングを受けました。大学院で綿密なトレーニングと手厚い支援を受けることができたおかげで、**現在は知識の生成と問題の発見の喜びを味わいつつ、学生にその喜びを味わってもらう役割を担わせていただいて**います。

研究活動として現在取り組んでいることは、なぜ私たちは予定のし忘れをしてしまうのか、なぜ余計なことを考えたりぼんやりしたりしてしまうのか、し忘れを防いだり集中力を高めたりするにはどうすればいいのか、といった問いに答えることです。科学技術が極めて高度に発展したように思える現代においてさえ、私たちは予定のし忘れをしたりぼんやりしたりしてしまい、健康、安全、財産、信頼、自信といった大事なものを損なっているという問題が存在します。このしぶとく手強い問題をいかに解決すればいいのかについて日々実験や調査を行いながら楽しみつつ考えています。

教育活動としては、数学、物理学、化学を専攻する理系の学生向けに一般教養の心理学や心理学実験法、上位学年向けのゼミといった心理学系の科目を開講しています。これまでに知られている心理学の知識を学んでもらうことも授業の目的の一つですが、背後により大きな目的があります。それは、私が大学で学んだのと同様に、学生が知識の生成や問題発見のスキルを身につけ、その喜びを味わい、自発的にそのスキルを使えるようになること、既存の知識を絶対視せず、発展途上のものであるに過ぎないと常に認識するようになることです。この大きな目的を達成するために、知識の伝達者として一方的に知識を教授するのではなく、自らも知識生成・問題発見を行いながら、学生が知識生成・問題発見をするのをつかず離れず見守る伴走者として振る舞うように気をつけています。薄暗い研究室で私が小さなガッツポーズをしているとき、それは、学生自身が自発的に、ジャングルへの宝探しに出かけ、奮闘していることがうかがえたときなのです。

（一九九六年卒　T・M　私立大学教員）

T・Mさんは、私がまだ大学院生を担当してない頃学部を卒業し、別の先生のもとで研究者の道を歩み始めました。彼が博士課程後期課程の院生のころ、私の学部の専門授業のティーチングアシスタントを務めてもらったこともあります。その研究意欲は旺盛で、卒論でも大変ユニークな研究を完成させました。その過程で知識生成・構成の協同性に気づいたことを感慨深く記述しています「**指導教授や、自分なりの宝を見つけ出そうとして私と同時に走り出した研究仲間、既に見事な宝を見つけ出した歴代の先輩方がいること**」という形で。また同時に、問題そのものを発見しそれを解決する問題解決過程の楽しさに浸り、それを学生に味わってもらうことに醍醐味をみいだしていることを「**現在は知識の生成と問題の発見の喜びを味わいつつ、学生にその喜びを味わってもらう役割を担わせていただいています**」と表現しています。ゼミや卒論での学びが現在の大学教育につながっていることがうかがわれます。

次に紹介するT・Kさん（ともこ42、43、44、45、52）は、私が在外研究中は他のゼミに所属していて、帰国してすぐの年度から、いきなり四回生としてゼミに参加してくれた貴重な存在です。大勢の同期生をうまくまとめ、まるで二年目のゼミかと思われるような運営をしてくれました。関心の中心は外国籍の人に対する日本語教育で、博士課程前期課程は外国語教育学研究科の日本語教育を専攻し、海外での日本語教員の経験も積んで帰国し、改めて心理学研究科の博士課程を私のもとで学び直し、学位を取得しています。そのテーマのキーワードは、人間の持つ限定合理性を前提とした、外国の方との共生的配慮を基盤としたコミュニケーション形態、となっています。こうして大学教員のカテゴリーに入れていますが、ご本人のアイデンティティはあくまで日本語教師のようです。

コラム6　世界で羽ばたく日本語教師

日本語教師としての道のり

私の職業は「日本語教師」で、日々外国人に日本語を教えています。大学在学中に日本語教師になろうと決めたとき、世の中ではまだ日本語教師がそれほど認知されておらず、「国語の先生?」と聞き返されることが多かった記憶があります。最近は日本語教師になりたいという人が増えてきていて、それに伴って、「どうやったら日本語教師になれるんですか」と聞かれることも増えました。日本でいわゆる日本人のための学校の教師になるためにはほぼパターンが決まっていて、大学で必要な科目を履修し、教育実習に行って、教員採用試験を受けて……と、その道のりが見えやすいのですが、日本語教師となると、「一体どうすれば?」となる人がまだまだ多いのが実情です。

私自身もそうでした。日本語教師になりたい! でも、どのルートが一番適切なのだろう? 専門学校? 大学院? それともいっそ卒業後にぱっと海外に出て、就職する? でもどうやって? 本当に疑問ばかりでした。

結局、一生しっかりと日本語教師として生きていくためには、遠回りのように思えても大学院に進学するほうがいいと判断し、田中先生とも相談して、関西大学の外国語教育学研究科に進学しました。修士課程修了後は、まずは日本の日本語学校で教え、そして香港の日本語学校へ、そのあともできる限りいろいろな機関で教えてみたかったので、帰国後に日本の大学や複数の日本語学校、企業、オンラインレッスン、また家庭教師などにも挑戦してみました。毎日違う場所へ行ったので、日々旅行のようで楽しかったのを覚えています。

そんな生活も落ち着いた頃、田中先生から大学院の心理学研究科の博士課程に進学しないか、とおっしゃっていただきました。日本語教師になったとは言え、心理学への興味は持ち続けていたので、即断で進学を決め、博士号は心理学で取得しました。そのおかげで日本語の授業だけではなく、「教育心理学」の授業なども担当させていただくことができ、複数の分野での専門性を持つことの意義と楽しさを日々感じています。

博士号取得後は主に関西大学の学部や大学院で外国人留学生に「日本語」を教えたり、日本人大学生に「教育心理学」を教えたりしていますが、キャリアを積むにつれ、日本語教師になりたい大学生のための「日本語教授法」も担当するようになりました。この科目は関西大学と立命館大学で担当していますが、「昔の私がクラスにたくさんいる」と思いながら指導しています。

日本語教師として生きていく場所

日本語教師になろうと決めたとき、同時に、「日本で教えるか、外国で教えるか」も考えました。

日本語教師になる人は基本的に外国に関わりがある、または興味がある人がほとんどなので、自然と外国で教えることも選択肢に入ります。私もそのうちの一人でしたので、日本で教えたあとは香港で教え、そしてまた日本に戻ってきました。こういう「日本↓外国↓日本」というルートを辿る日本語教師は多く、日本語教師の講師室で「今度の休みに〇〇国に旅行に行きます」と言えば、「そこで昔、教えていました」という人がいることもよくあります。日本を愛し、誇りに思いつつ、諸外国との関わりが強い、本当におもしろい職業です。

ただ日本語教師を目指す人は、外国で教えてみたいけど、そんなことは今の自分からは遥か遠くにあるものだと考えてしまうもので、私も自分が香港で教える前は、一体どうしたら日本語教師として就職、しかも外国で働けるのだろう?と不安だらけで、まったく先の見えない道のりでした。

ところが、実際に外国で教える夢が叶ってから振り返ると、外国で日本語教師として働くための道のりはかなりわかりやすいものへと変化していました。「日本語教師になることは難しいですか」と聞かれることもありますが、難しいのではなく、ドアがどこにあるかを知らない人が多いだけだと思っています。自分にとっての正しいドアをみつけ、きちんと道しるべを辿っていけば、ほぼ確実に日本語教師になれます。そのことをどうやって理解し、実感し、そして実践していってもらえばいいのだろう? これが日本語教師としての私の、第二の課題となりました。

田中ゼミスタイルの継承

日本語教師としての私の第一の課題は「**自分が日本語教師として腕を磨くこと**」でした。そして第二は「**日本語教師になりたい人をサポートすること**」。この第二の課題を解決するために、私は田中ゼミで行われている方法を取ることにしました。「正統的周辺参加」と「ブラザー&シスター制度」です。

まず日本語教師志望者に私の授業に参加してもらいます。普通、日本人は日本語教育の場で学んだ経験はありません。ですから、頭の中で描いている日本語教師像や日本語教育と、実際とはかなりのギャップがあったりします。また自分に適性があるかどうかも実際に日本語学習者に接しないことにはわからないため、**まず実践の場を見学、そして可能であれば自発的に私の授業のアシスタントをしてもらいます。正統的周辺参加です。**

次に、日本語教師になるための道のりを、私だけが教えるのではなく、私の教え子で日本や外国で日本語教師となっている人たちにも頼むことにしました。単に紹介するのではなく、勉強会を開催したり、希望者は先輩が働く日本や外国の日本語学校に実際に見学に行ったりします。こういう経験を通して、「自分に合った日本語教育の場所」を明確に考えられるようになります。情報交換も先輩後輩で自然に行ってくれますし、年齢の近い先輩からの新しい情報も得ることができます。まさにブラザーあるいはシスターとして協同で動きます。

この流れを繰り返す中で、ついに自分の道をみつけ、日本語教師としてのドアが開いたという報告をしてくる学生の、体中から爆発するような嬉しさ。まわりのみんなも我がことのように喜び、「次は自分だ」と決意をあらたにする瞬間。何度経験しても、感動がこみ上げてきます。これからも私自身、日本語教師として充実した日々を過ごし、腕を磨いていきたいと思う一方で、この楽しい職業を目指す人たちが日本や外国で羽ばたくサポートをし続けたい。これが今の私の生き方です。

（一九九九年卒　Ｔ・Ｋ　日本語教師・大学非常勤講師）

T・Kさんは、日本語教師としての自分に、自ら二つの課題を課しています。「**自分が日本語教師として腕を磨くこと**」と、「**日本語教師になりたい人をサポートすること**」です。これは、問題（課題）を設定して果敢にその解決に取り組むことの宣言であり、そのプロセスを学びと捉えて問題解決過程としての学びを実践しています。

また、それを実現するために、ゼミでのブラザー&シスターの制度を援用して、正統的周辺参加としての学び、協同の学びを実現しています。またそれを繰り返すことによって、「**学生の、体中から爆発するような嬉しさ。まわりのみんなも我がことのように喜び、**「**次は自分だ**」**と決意をあらたにする瞬間。何度経験しても、感動がこみ上げてきます**」と、その学びのプロセス・結果に出てくる感動をみごとに表現しています。こうして、問題解決過程としての思考と試行が行われ、そこに協同性が出現し、プロセス・プロダクトとして大きな感動が得られるという実践を繰り返していることが伺われます。

次のT・H（ともこ54、65）さんは、私のゼミから臨床心理学の領域に進んだ何名もの人のうちの一人です。再三紹介するように、私は、ゼミでは取り組むテーマの制約はしません。いかなるテーマであろうと、自分にとっての「問題」意識を「解決」（その時の、一定の）に持って行くのが卒論の取り組みだと考えていますので、テーマは絞りません。もちろん「配慮」「忖度」して私の各論を扱ってくれる学生もたくさんいましたが、「関心あるものを」といえば、多くは自己・人間関係・社会意識など、どちらかと言えば臨床的なテーマがでてきます。

その意味で、私のゼミを出たのち、同僚の臨床系の先生の所の院生になったり他大学の臨床系の大学院に進む者も多くいました。そのうちの一人がＴ・Ｈさんです。

■コラム７■

学びは続くよ、どこまでも

私は今、大学教員（講師）をしています。おそらく、私の大学生活を知っている人がこの事実を知ると、「?・!・?」と疑問符がたくさん飛び出しそうなぐらい、私の大学生活はアルバイト、大学生活、授業……という優先順位で、どちらかというと新入生には聞かせてはいけないような日々だったように思います。そんな私が、なぜ、今このような仕事をしているのか、大学生活とその後をふり返りながら考えてみたいと思います。

心理学への漠然とした思い

私は、「悲しい思いをする子どもを少しでも減らしたい」という思いから、小学校高学年の頃には「心理職に就きたい！」という漠然とした夢をもち、それを実現するべく関西大学（文学部教育学科（当時））に入学したという経緯があります。といっても、心理職にどんな仕事があるのか、具体的にどうすればなれるのか、は曖昧なまま、大学生活というキラキラした時間を楽しんでいた私でしたが、転機は三回生のコース選択で訪れました。もともと心理学がしたい！という思いがあったわけですから、当然心理コースを選択したのですが、ゼミをどうするかについては決めかねており、いくつかの研究室を訪問することにしたのです。俊也先生の研究室で話を伺った時、ゼミのシステム、どんなことをするか、自分の関心事など、先生との話に引き込まれた私は、田中ゼミをスタート地点とし、研究という大海原へと乗り出すことになったのです。

ワクワクした気持ちで念願の心理コースに入ったにも関わらず、自分のテーマを決めるとなると、何がやりたいのか分からず、周りの人と同じように進めることができない劣等感や恥ずかしさから、ゼミへの参加も消極的でした。今思うと、**分からないことを誰かに聞くとか、本当の気持ちを表現するとかは、自分のできなさや器の小ささを露呈することでしかなく、それを悟られないように意地を張り、反発的な姿勢でいることが私の精一杯だった**のかもしれません。ただし、メンタルフレンドという児童相談所のボランティアにも参加していた私は、臨床実践への関心を捨てきれず、むしろ臨床実践ならできる気がする！という浅はかな期待を胸に大学院（博士課程前期課程）進学を決意しました。

自分と向き合う時間と研究テーマ

大学院進学後は、「意地」が研究テーマとなりました。そう、田中ゼミで自分の弱さを露呈しないための手段として使っていた、意地です。学術的研究として意地を捉えているものはなく、指導教員と「意地研」と称して、質問紙調査から意地の肯定的側面と消極的側面を見出して研究を進めていました。その一方で、**自分自身の強みと弱みを整理し、何のために生まれてきたのか、本当に自分がやりたいことは何なのか、どう生きるのか、など自問自答を繰り返していた**ように思います。大学院（博士課程前期課程）修了後も、後期課程に進学し、大学生を対象に研究計画を立てて研究をしようとしていましたが、家庭児童相談室での実践経験を機に、「家族をどう支えるか」という関心を追究することにやりがいと意義を感じるようになりました。論文を書くことはここで一時休止（単位取得退学）するのですが、この時期、実践を通じて学び、疑問を感じ、関心を深めていた私にとっては、今思うとエネルギーをため込んでいたのかもしれません。ケースを通して自身のスキルアップを目指し、先輩や上司と相談して解決を促す、家族の問題は一筋縄ではいかないからこそ、その複雑性をどうすれば良いか、子どもたちが幸せでいられるためには何ができるかを考えてきたように思います。

実践と研究をつなぐことの意味

その後、ご縁があり、関東の大学で一年間の講師経験、九州の大学で一年間の研究員（五島列島駐在・母子保健事業やコホート研究）を経て、現在は、四国にある保育者養成校教員として心理学関係の授業を担当しています。赴任して以降、子育て支援の研究グループに誘ってもらった私は、大学三回生のゼミ開始と同じように、ワクワクと不安を胸に、改めて研究の扉の前に立ちました。地域や大学ができる子育て支援について研究と実践を重ねる中で、援助を求めたくても求められない保護者や、そもそも援助の必要性を感じていない保護者にどうアプローチをすれば良いのかといった問いを持つようになりました。これがまさしく、私の学位論文のテーマです。**大学から（むしろ小学生の頃から）ずっと関心を持ち続けてきた「家族」と、大学院での「意地研」が融合し、一つの研究に変化したタイミング**です。自分の関心と実践が重なり、一つの研究になるまでにはずいぶん回り道をしたのかもしれません。ただ、ストレートに博士号取得への道を進んできたわけではないからこそ、大学時代から、自分や他者、現象と向き合い続けた経験そのものが、私にとっては学びの構成要素だったということを感じています。

学びは続くよ、どこまでも

　学位取得後、少しはゆっくり……と思っていた私ですが、不思議なことに次々に関心が拡がってしまい、やめられそうにありません。学びの門をくぐった先にある無数の扉は、私たちの可能性であり、いつでも、どの扉でも開けることできるのだと感じています。

　また、保育者を目指す学生に対しても経験からの学びを重視し、様々なことを考え、感じ、学びを深められるよう、学生とともに企画し、地域での子育て支援活動をしています。中には、子育て支援活動を研究としてアウトプットする学生もおり（平成二九年度中・四国保育学生研究大会：「子育て支援活動による学生の子ども観、子育て観の変化の検討」）、人間の学びへの意欲と成長を考えさせられると同時に、教育者として学生の学びを支える喜びを感じるようになってきました。そして、研究指導を通して、自身の卒論ゼミで、研究のいろはを丁寧に教えてくださり、消極的で反発的な私の背中を押し続けてくださった俊也先生の器の大きさを思い出します。先生の教えを私は引き継げるのか、そんなことを自分に問いつつ、**学びの面白さ（苦しさも含む）を伝えられる学び手に**なりたいと思う、今日この頃です。

（二〇〇四年卒　T・H　私立大学教員）

T・Hさんがゼミに入った年は先輩の四回生が四名だけ、という、ブラザー&シスター制度維持のためには一種危機的な時でした（彼女たちは八名）。逆に四回生になった次年度は後輩が一六名、ちょうど狭間の年で運営も大変だったと思います。そうした影響もあってか、ここでは、ゼミとして学んだことよりも私との関係で得たことなどを中心に語ってくれています。卒論のテーマでも、ずっと「意地」のことを議論し、因子分析してその構造を見ていこうとしていましたが、結局それは院に進んでからのことに先送りし、集団への帰属意識と同一化あたりの研究にしています。ここでは、**「分からないことを誰かに聞くとか、本当の気持ちを表現するとかは、自分のできなさや器の小ささを露呈することでしかなく、それを悟られないように意地を張り、反発的な姿勢でいることが私の精一杯だった」**と、このころの自分をしっかり振り返り、やがて学位論文につながる**「大学から（むしろ小学生の頃から）ずっと関心を持ち続けてきた「家族」と、大学院での「意地研」が融合し、一つの研究に変化したタイミング」**を見つけることができた、と素直に述懐しています。こうした、鎧のない自分と対峙することが学びにとって重要であることを学んでくれたなら、それはゼミ教育の大きな成果であると思っています。学び続けてください！

次に紹介するY・Yさん（ヨシ54、56、65、81-147）は、私とは長い付き合いで、かれこれ一五年以上の同志になります。学部のゼミが始まる前の教職課程の受講生のときからの付き合いで、学部二年間のゼミ、大学院博士課程の五年間の院生、その後の大学の全学機関での研究員・特任助教と、まさに関西大学生え抜きの研究者です。二〇一五年の共著書では、ゼミの年間の行事を詳しく紹介し、所属ゼミ生のなまの声を生き生きとレポートしています。

ゼミ生でありかつそのゼミの研究者でもあるという二重の立場で、他にないユニークな研究を打ち立てています。

■コラム8■

不易の学びに思いを馳せて

学び続ける場にいる大学教員

私は今大学での教員（准教授）を務めています。私自身が、大学教員としての研究の主題を「協同的な学びの過程」として据え、「大学ゼミの学び」について考え続けてきたことが背景にあるからだと思うのですが、たとえ学生時代とは環境が大きく変わっていたとしても大学という場で学び合うその行為自体はなんら変わらない、という見方があるように思えています。「学び続ける場」というものが、ある種の文化と歴史的な背景をもって連綿と続いていくさまに今でもたいへん強い関心を抱いています。

このような関心を背景に以下では、これまでの活動の履歴に沿うかたちで、できる限り直接的に強く意識された「学び」に関する事柄を取り上げて記していきたいと思います。なお本書著者とは共著の形で本を出しています（田中・山田、二〇一五）ので、ここでは私自身が編者の学生であったことの延長であるという意味で、本書著者に言及する際には敬称を用いて「先生」と記していきます。

学びを支える過程としての文化への参入

私が今のキャリアに至るのに決定的だったのは、大学二年次に履修した教職課程科目の授業「教育方法・技術論」での先生との出会いです。当初は高等学校の教師を目指していたこともあり、科目名称にひきずられ、講義では授業の方法や技術の解説を期待していました。しかし初回に先生が講義されたのは、「学習と勉強、学びのちがい」という本質的な「学びの哲学」にまつわるテーマでした。おそらくその講義を受講する以前の私にとって、「勉強」あるいは「学習」という用語は、何の疑問もなく、教育活動において当たり前に使用される言葉の一つでした。つまり私自身の、これまでナイーヴに学校というところは勉強ないしは学習するところだと信じていた学校教育観が、そこで大きく変容することとなったわけです。そのインパクトというのは、当時の私にはたいへん大きなものでしたし、そこで一気に先生の講義に魅了されたのです。学校教育を勉強や学習という見方からではなく、学びという観点から考え直すこと、またこうした捉え直しを通じて学校教育における学びをつくり直し、創造していく視点をもつということ、こうした議論は当時の私にはたいへん新鮮でしたので、このような探究を長きにわたり続けてこられた先生、そして学びそのものの仕組みやメカニズムを探究していく魅力的な学問の世界にきわめて象徴的なかたちで出会うこととなったのです。

このような事情から二年次後期のゼミ選択の際には、迷わず先生のゼミを希望しました。またゼミ生活を通じての学びについては、そこで取り扱う各論の内容はもとより、それ以上にゼミでの経験や活動それ自体をメタ的に記述することに関心は向かっていました。すなわち、ある共同体への参加過程そのものが学びの一つの形態であるということから、卒論では、そうした参加過程を学びの軌跡（トラジェクトリー）として捉え、分析することにしました。先生の指導によりこうした、経験や活動・行為それ自体の成り立ちを問うような「メタ志向」とも呼びうる志向を学部生の時期に身に着けられたような気がしています。また振り返ってみれば、ちょうどこの頃は、「学びを支える過程としての文化」に参加し始めた時期だとも言えそうです。

その後、大学院への進学を決断し、院生時代の五年間は、学部のゼミ活動そのものを研究のフィールドとしていました。「ゼミでの学び合いの文化はどのように維持・継承されたいくのか」に焦点を当て、その詳細を記述・分析するという研究活動にのめり込んでいた時期です。また先生からは懇切な指導を頂きながら、成果をなんとかまとめ上げることに必死な時期でもありました。そのため、学会誌「教育心理学研究」に論文がはじめて掲載されるかたちで成果が実を結んだ折には、たいへんな喜びでした。

大学における学びの文化づくりへの着手

博士号取得後にはポストドクター（日本学術振興会特別研究員ＰＤ）と非常勤講師を経験し、母校の大学の教育開発支援センター（Center for Teaching and Learning、通称ＣＴＬ）という全学的な教育推進を担う部署で、任期付きの教育職員（特別任用助教）として職務にあたりました。ちょうどこの頃には、教員という立場から学びの環境を維持し、それを支えていく活動に携わる過程で、学生の学びを支援するという教育的役割にもたいへん興味をおぼえました。目の前の様々な教育的課題に、異なる専門分野の教員、そして事務職員、あるいはＴＡやＳＡと呼ばれる学生スタッフが協力して取り組む営みに、大きな意義とやりがいを感じました。こうした教育的なプロジェクトは、ゼミでの学びという視点から眺めれば、未来の学びの担い手を協同しながら育成するという、ある種の創造的な問題解決過程としても位置づけることができるので、「未来の学びの文化づくり」といえると思います。さらにその後、大阪産業大学に移り、学部学科再編準備室と呼ばれる部署での一年の準備期間を経て、現所属の全学教育機構高等教育センターの教員として、今は全学的な教育活動の推進や運営を担っています。私自身は、様々な学びが日々行われている現場にあって、まだまだ未熟な点も多くありますが、学びを支えるという実践の意義については手ごたえや実感を持つことができつつあります。しかし同時に、他方では、こうした知見を理論やモデルに昇華させることもまた重要ではないかという思いもありました。すなわち、大学教員である私としては協同的な学びの理論として、こうした経験的な知見をまとめ上げ、そうして生成されたモデルや、あるいはこれらのデータとなる貴重な経験的事実をしっかりと残しておく必要性をどこかで実感していました。このような問題意識に加えてゼミでのこれまでの学びを振り返るきっかけとなった、先生との共著「大学で学ぶということ」（田中・山田、二〇一五）の執筆を通じて、たいへん刺激を受けたことで、二〇一九年の春、みなさんのおかげもあって、学位論文を一冊の著書に著すこともできました（山田嘉徳『大学卒業研究ゼミの質的研究―先輩・後輩関係がつくる学びの文化への状況論的学習論からのアプローチ―』ナカニシヤ出版）。学び続ける大学教員として、協同的な学びの文化の探究をこれからも進めていきたいと考えています。

不易な学び・未来の学びの文化づくり向けて

そして私がエピソードとして「大学での学び」で思い出すのは、学部卒業時の祝賀会での先生のご挨拶です。それは、卒業したばかりの学生に向けて述べられた「学び舎（や）」というお言葉に関するものです。「学び直し」という言葉がある昨今、「学び舎（や）」という表現は時折また違った印象をもって今でも私自身の過去遠くから響いてくる言葉です。「舎」というと空間の印象がありますが、「まなびや」にはそうした建物・空間に加え、協同する人々、学びの時間、が含まれていると思います。その意味からでしょうか、先生流の、笑いながらの最後の一言が印象的でした。「これからも一生、学びや！」。

付記

本稿は山田（二〇一九）の「謝辞」の一部を大幅に加筆・修正するかたちで、改めて執筆したものです。

（二〇〇八年卒　Y・Y　私立大学教員）

Y・Yさんはゼミ所属に先立つ、もう一つの私の教職の授業の受講生でしたので、誰より私のゼミの仕組みについてゼミ所属の前から周知していました。「学習」と「学び」の違いの話をするとき、常に「正統的周辺参加」や「学びのドーナッツ論」の話をし、それが私のゼミではそれがブラザー&シスターの制度の形で具体的に実践されていることを解説していました。そのことから、理論的に捉えたゼミの実際を、内部に所属して体験することができたのだと思います。それを「ゼミでの経験や活動それ自体をメタ的に記述することに関心は向かって」いたために、まさにそこでの営みのメタ的な部分に関心が強かったのだと思います。

第八章　企業の中で

大学で心理学を専攻したからと言って、皆が皆、心理学関連領域の仕事をするわけではなく、圧倒的多数の卒業生は一般企業に就職します。その中で、卒業時に「認定心理士」という資格を取得して、なんとか一般の仕事の中でそれを生かそうとする者もいれば、まったく関連のない業務につくものもいます。大学での学び（の各論）が最も生かされにくい領域での仕事になります。

そうした場で働く方たちに、さて、大学での学びは何であったのかを語ってもらいました。

最初に登場するのは、私の最も初期の卒業生の一人、Y・Kさん（ゆり15、17、18、22）です。大手の航空会社のCA（キャビンアテンダント）として就職し、その姿にあこがれてゼミの一年後輩が同じ道を歩んだという才能あふれる人です。

コラム9

学びの日常性の実感

昨年の春、娘が医師を志して大学に進学したのをきっかけに、事あるごとに自らの学生時代の風景をふと思い出すことが増えました。

学生時代のある日、大学の就職課の方（お名前が鶴丸さん。なんとも御縁を感じます）が、「こういうのは興味ありませんか？」と目の前に差し出した大きな飛行機の描かれた一冊のパンフレット……それが卒業後客室乗務員として社会にでることになったきっかけでした。何の予備知識も準備もないまま〝なんとなく面白そう〟と文字通り飛び込んだ世界は、刺激と感動と試練の連続でした。就職をはじめこれまで人生においての様々な選択の場において経験してきた多くのことが、大学で学んださまざまな意思決定の連続であったように思います。実際、大学に通っていた日々の中では意識すらできていなかったことですがさまざまなことがらが一定の意味を持っていたようにいまでは思えます。

社会人として、常にアンテナの感度を高くし自分に問いかけ続けるのは簡単なことではありません。私の時代の卒業論文の提出には「〇〇字以上、ワープロ使用でも可」という一文がありました。私は原稿用紙に万年筆で一字ずつ書き進めて書き上げました。時代は劇的に変化し巷に溢れる情報、コメント、メディア、SNS、人との関わり方どれをとってもあの頃とは全く異なっているのですからより一層立ち止まって問題意識を持ち、それにチャレンジすることが重要であると思います。

私は出産を機に客室乗務員を退き、それから今日まで専業主婦として育児に専念してちょうど二〇年になりました。専業主婦として母親として昨今は引きこもり主婦、ワンオペ育児など、孤独で辛いことのように取りざたされる事もありますが、私の二〇年は様々な状況の中で外面的に「孤」になる場面はあっても内面、精神的には決して「孤」ではなかったことを幸せに思います。クルーとしての仕事は言うまでもなく、育児も主婦業もどれをとってもひとりで、単独で成し得るものはないということを痛感しています。思えば学生時代も田中ゼミではブラザー&シスター制度はまさに協同を見えやすい形として作り易くして下さった制度でした。のちに同じ会社の後輩にもなる彼女（以下のコラムにも登場）には、卒論作成においての準備や実験に快く協力していただきました。学年の垣根なく学びに向き合う機会は本当に貴重なものでした。

また、客室乗務員として仕事をしていく上でルーティーンはこなしても、繰り返す日々の業務のひとつひとつを決して「作業」にしてしまうことのないように心掛けておりました。フライトを重ねればその分極端に言えば考えることをしなくても勝手に体は動いて仕事を進めていくことが出来るようになるけれどそうであるからこそ心を込めること、そこに新たな創造があり向上があると考えたのです。

退職後の日々は何げなくても感動の連続でした。興味を広く持ち続けること、学び続けること。学びの種は尽きることなく一生学生でいたいと思っています。

学びのきっかけは色々なところにあるものです。耳の不自由なお客様との出会いから、数十年も経ってからではありますが手話を学びたいと数年間教室に通ったり、学生時代の第二外国語の時間にいつか原語で歌ってみたいと思っていた第九を歌うチャンス（それもサントリーホールで）がめぐってきたり、振り返るとまたさらに感動がよみがえります。

今、娘が厚さ五センチはありそうなテキストをリビングで広げています。何やら専門的でさっぱりわからないものですが、きっと彼女はいつか雑談にして私に学びの刺激をくれるでしょう。こうして私はこれからもずっと学び続けていくのです。

（一九九二年卒　Ｙ・Ｋ　元航空会社客室乗務員）

Ｙ・Ｋさんは、大学の就職課（当時）の事務職の方（本文中のお名前、就職することになる○に鶴のマークを象徴しています！）の声がけをきっかけに大手航空業界のＣＡに採用されて活躍されました。ここでは、「**立ち止まって問題意識を持ち、それにチャレンジすること**」という、問題解決に向かう姿勢の重要さ、「**様々な状況の中で外面的に「孤」になる場面はあっても内面、精神的には決して「孤」ではなかった**」という、他者との協同が強く意識されていたこと、「**ルーティーンはこなしても、繰り返す日々の業務のひとつひとつを決して「作業」にしてしまうことのないように心掛けて**」いたこと、すなわち常に創意工夫を努めてきたこと、さらに、生活そのものが「**興**

味を広く持ち続けること、学び続けること。学びの種は尽きることなく一生学生でいたい」という形で学びの感動を維持したいという表明をしています。

このY・Kさんの一年後輩で、ゼミではシスターとしていっしょに作業をしてきたA・Kさん（あけみ15、17、18、22）は次のような寄稿をしてくれています。

■コラム10■

学び合うことの大切さ

大学を卒業して二十五年以上になりますが、今でも田中先生のゼミで過ごした時間を楽しく懐かしく思い出します。自分の将来に漠然とした期待と不安を抱きつつものんびりと構え、ゼミの仲間たちと和気あいあいと時には笑い、時には真剣に悩みながら、自然に「皆で学んで」いきました。この「皆と共に学んでいく」ことがとても大切だと社会に出て強く実感しています。

特に田中先生が作られた「ブラザー&シスター制度」が、現職である航空会社入社への道しるべとなり、今の自分の学びや後輩の育成の指針となっています。

当時三回生の私は「表情と先行情報がもたらす印象形成」について関心があり、「第一印象の形成とその変容に及ぼす諸要因」について卒業論文を作成された四回生の先輩のもとで学びたい、と田中先生にお願いしました。先輩が同様の研究に興味をお持ちであることや、その凛々しいお人柄にも惹かれ、卒業論文の内容や情報収集の仕方など色々な相談をさせていただきながら、憧れの先輩に近づけるワクワク感を感じていたのを今でも覚えています。先輩からの親身なアドバイスのお陰もあり卒業論文も無事完成し、客室乗務員となった先輩の後を追い同じ会社に入社することもできました。**何かに憧れそこに近づこうとする思いは、自分の学びを深め志を高めていくことに繋がる、**ということを学びました。

現在私は後輩の指導育成にかかわっておりますが、その中で「学び合い」の精神がとても大切であると考えています。大学で心理学を学び「認定心理士」の資格を取得したことも後輩の指導に非常に役に立っているように思います。

実際の機内では、年齢の近い者同士や、業務に精通している先輩とバディ（ペア）を組ませる等工夫をしながら彼らの成長をサポートし、一人ひとりの気持ちに寄り添いながら、それぞれに合ったきめ細かい指導育成を目指しています。また、課題点を指摘するばかりでなく本人の良いところを褒めて伸ばし、モチベーションを高めることができるよう心掛けています。

後輩は憧れの先輩に少しでも近づこうとし向上心を高めていきます。先輩は後輩を指導することで責任感が芽生えると共に、自分自身の業務や心の在り方を振り返ることができ、自己成長の機会にもなっています。この構図は、まさに田中ゼミのブラザー＆シスター制度に通じています。

新人の指導育成の過程では、お客さまへの気付きの視点や言葉掛けのヒントを与え「自ら考え行動する」力を養っています。例えば、お客さまが機内で毛布をリクエストなさったとします。毛布をお渡しするだけでは十分ではありません。「ごゆっくりお過ごしください」の言葉を添えるのも良いでしょう。更に一歩踏み込んで、機内の温度は適温か確認するのも大切です。また、お休みになるようならお近くの日除けを閉めて差し上げることもできると思います。あるいは、体調が優れないのかもしれないと、さりげなく温かいお飲み物をおすすめしてみることも良いでしょう。季節や曜日・時間帯、旅慣れた方なのかそうでないのかなどによっても、お客さまへの言葉掛けは無限に広がります。このように、**サービスには正解はなく自らが考え行動することがこの仕事の楽しさでもあり、醍醐味だ**と教えています。

また、**我々の職場では「チームワーク」がとても重要な要素です。先輩後輩に関わらず、お互いを信頼し高**

め合う存在でなくてはなりません。私が新人の頃から「仕事は決して一人ではできないということを忘れてならない」と先輩に教わってきました。「仲間への感謝」の気持ちを、後輩に伝えることも大切なことです。

今後も自分の人生において様々な出会いや学びを得る機会があると思っていますが、多様性を受け入れながら、相手と「学び合うこと」が自分の人生をより楽しく豊かにしてくれることだと思っています。そしてその基礎となる考え方を教えてくださった田中先生やゼミの皆さんに心から感謝をしています。

（一九九三年卒　A・K　航空会社チーフ客室乗務員）

A・Kさんは、前出のY・Kさんと、ゼミではブラザー・シスターの関係にあり、そのことが印象深く語られています。「**後輩は憧れの先輩に少しでも近づこうとし、向上心や向学心を高めていきます。**」「**何かに憧れそこに近づこうとする思いは、自分の学びを深め志を高めていくことに繋がる**」というのはまさにその本質を突いていて、学びが、自分があこがれる先輩に自ら近づこうとする行動であることを如実に語っています。正統的周辺参加論における「正統性」の認知が学びや参加の動機づけになることを力強く語っています。また、仕事の中ではコラボレーション・協同作業がいかに重要であるかを身をもって体験し、それを後続のCAさんたちにきちんと教育していることが伺われます「**我々の職場では「チームワーク」がとても重要な要素です。先輩後輩に関わらず、お互いを信頼し高め合う存在でなくてはなりません。私が新人の頃から「仕事は決して一人ではできないということを忘れてならない」と先輩に教わってきました。「仲間への感謝」の気持ちを、後輩に伝えることも大切なことです。**」の表現で。

さらにまた、「**サービスに正解はなく、自らが考え行動することがこの仕事の楽しさでもあり、醍醐味だ**」という形で、常にサービスを工夫するという創造的な活動が大切であると強く実感していることが分かります。

CAとは全く異なる職場においてもいくつかの示唆に富む経験が語られています。大手電機機器関係企業の健康保険業務を担っているS・Sさん（しんじ31、32、33、41）の例です。

コラム11　人と人のつながりを大切に

「物をつくる前に人をつくる」。これは、私の勤めるパナソニック㈱の創業者である松下幸之助が、創業間もない頃、「松下電器は何をつくるところかと尋ねられたら、松下電器は人をつくるところです。あわせて電気器具もつくっております。こうお答えしなさい。」と従業員に対して語ったことばと言われております。

今、私は、そのパナソニック㈱の社員、その家族の皆さんの健康を守り、安全を高める組織であるパナソニック健康保険組合という会社の人事部門で、採用（疾病の予防や治療に関係する為、医師や看護師等の医療職が大半です）や人材育成等を担当しております。

人に関わる仕事をする中で感じますのは、田中ゼミでのブラザー&シスターシステムは、個人の学びをより深化させ発展させる仕組み、また人と人をつなぐ魔法の仕組みであったということです。

私が田中ゼミを選択しましたのは、大学の男子寮「北斗寮」の先輩、廣渡（ひろわたり）さんからの薦めもあって、先生が優しかった、ゼミでの取り組みが楽しかったと聞いておりましたので、迷わず田中ゼミの門を叩きました。

私を育んだ関西大学北斗寮について少し触れておきますと、千里山の丘陵地にそびえる鉄筋コンクリート四階建て、八畳二間に四・三・二・一回生の地方出身の男子四人が共同生活を送ります。四回生は神様、三回生は人間、二回生は動物、一回生は○○（言葉では言えません）という厳しくかつ暑苦しい上下関係です。当時クーラーのなかったこの劣悪な環境で繰り広げられる毎日は、酒・麻雀・ボーリングと飽きることはありません。北斗寮と体育会そして学業は両立できない（必ず留年する）というジンクスがありましたが、私は田中先生とゼミの仲間の皆さんのおかげで体育会卓球部の副キャプテンもこなしつつ、なんとか四年間で卒業できました。ちなみに芸人の南海キャンディーズの山里亮太さんは、直接接点はありませんでしたが、北斗寮の後輩となります（現在の北斗寮は、関西大学ドミトリー月が丘として、女子寮となってしまいました）。

田中ゼミでのブラザー&シスターシステムは、北斗寮というわば封建的な、卓球部という体育会的な環境にいた私にとって、**上回生がプレゼンを行い、下回生が上回生を選ぶというなんと民主的な仕組みであるかという驚きと感動**をもたらしました。

四回生になり、人好き、酒好きが高じまして懇親会をせっせと企画して楽しんでおりましたところ、ゼミ長（宴会部長？）を拝命しました。一方、その年は、翌年（一九九七年）に田中先生が在外研究で大学を離れるとお伺いしており、新たにゼミに加入する三回生は、一年間しか田中先生の下で学ぶことができないことをとても不憫に思っておりました。

新年度に入り、いつもの田中ゼミでのブラザー&シスターシステムサイクルがスタートします。通常の授業そして、ゼミ合宿でのブラザー&シスターの決定、ある意味で、淡々と田中ゼミで充実した学びが行われるのですが、翌年には田中先生の下で直接ご指導を受けられない、今の仲間と一緒に勉強することができないという見えない力がふつふつと湧き上がっていたのかもしれません。学園祭で出し物をしようとなりましたのは、そういった背景、見えないパワーが結集した賜物であったと思います。そして、これまで田中ゼミでは学園祭への出店の声は何度かあがったが実現した試しはなかったという田中先生の何気ないお言葉・ジンクスも、「ならば我々でやってやろう！」というやる気のモチベーションや一体感の醸成に繋がったように思います。材料を、三回生のI君のおばあさまより頂戴して、第一グランド前に出店した、「焼き芋・焼きじゃがいも」のお店は、（材料費がかかっていないということもありましたが）収支黒字となりました。

やるからには黒字にしたいとは少しは思っていましたが、そんなことより、みんなで知恵を出し合って、汗をかいて、大声を張り上げて、接客してやり切った充実感は何にも代えがたい喜び・達成感に繋がりました。その時の仲間は、多岐に亘るそれぞれの道を歩んでおり、今でもやりとりが続いております。前述の乾君は、夢だったパティシエとなって、お店を開店することとなった際には、皆で開店お祝いのバルーンをプレゼントしました。馴染みのお菓子屋さんがあるっていいですね！

今、人事の立場で、採用面接に加わることがありますが、その面接の中では、大学で一番頑張ったこと、ゼミや卒論での取り組み・研究について、必ず聞くようにしております。そこに人それぞれの人となりが現れると思うからです。そして、採用にあたっては、**入社一年目から五年目の人材をリクルーターとして関わらせており、入社が決まった段階で、今度はメンターとして一年間、公私ともに面倒をみる仕組みを構築**しております。これって、実は、田中ゼミでのブラザー&シスターの仕組みを参考にしたものです。

そうすることで、新入社員は、同じ先輩の下で、面接～内定～入社～一年目に安心して仕事に打ち込める環境を整備し、**先輩にも、後輩の悩みに耳を傾けつつ、自分のこれまでの経験や考えを伝えていく中で、何らかの気づきを促すことができ、お互いの成長に繋がることができる**と考えてます。

さて、最後に今後の自分自身についてです。昨年、何度かチャレンジし続けておりました社会保険労務士にやっと合格することができました。社会保険労務士とは、企業の成長に必要なヒト、モノ、カネ、その中でもヒト（人材）に関する専門家であり、「労働及び社会保険に関する法令の円滑な実施に寄与するとともに、事業の健全な発達と労働者等の福祉の向上に資すること」を目的とした国家資格です。今は、パナソニック㈱の社員や家族の健康を守る、そしてパナソニック㈱を通じた社会への貢献という仕事にやりがいがありますので、引き続き、社内の人材育成に心血を注ぎたいと思います。そして、その役割を終えましたら、一人の社会保険労務士として、これまでお世話になった皆さんや仲間のお役に立つことができれば、自分がこれまで学んできたことに対する恩返しができるのではないかと思っています。

（一九九七年卒　S・S　大手企業　健康保険組合）

S・Sさんは体育会卓球部に所属し、大学の寮で生活する強者でした。ここではその体育会での先輩・後輩と、ゼミでのブラザー&シスター制度の、一見同じようにみえる制度の違いをうまく説明してくれています。**「上回生がプレゼンを行い、下回生が上回生を選ぶというなんと民主的な仕組みであるかという驚きと感動」**があった、と表現しています。これは政治的・制度的徒弟制と認知的徒弟制の本質的な違いである、と私は常にゼミ生に説明しています。S・Sさんはそのことをよく理解され、職場でも**「入社一年目から五年目の人材をリクルーターとして関わらせており、入社が決まった段階で、今度はメンターとして一年間、公私ともに面倒をみる仕組みを構築」**され、**ゼミでのブラザー&シスター制度の利点を「後輩の悩みに耳を傾けつつ、自分のこれまでの経験や考えを伝えていく中で、何らかの気づきを促すことができ、お互いの成長に繋がることができる」**という形でうまく運用されているようです。

また、S・Sさんが四回生の年は私が在外研究で一年間国外にいるという直前の年で、この年の三回生は、四回生の時私がいないことを知って、よりいっそう深い四・三回生の絆を、大学祭での出し物をゼミで行うという大きな事業をすることを通して実現してくれました。これは「協同」が当然であるという文化の強い発信であったと思います。

第九章　複数のキャリアの中で

卒業生の中には、卒業直後の仕事から、別の仕事に移動してバリバリ仕事をしている方も大勢います。日本ではまだまだ終身雇用的な発想が根強くありますが、自分を見つめなおして最適の仕事に移行することは徐々に増えています。そうした人たちがゼミで学んだことも見ていきましょう。第五章で紹介した中学校教諭T・Fさんもそうですが、他にもいろいろな人がいます。

最初は大学事務職員から、その後家庭に入り、現在地域社会のボランティア活動もしているA・Iさん（あきこ19、20、24、40）です。

■コラム12■

大学生、幼児、アクティブシニアと関わって

大学の事務職員として

バブル崩壊による就職氷河期の「底」と言われた時期に、私は就活を経験することになりました。そのような中で採用された学校法人関西大学には、並々ならぬ「ご縁」を感じています。関西大学では事務職員として総合図書館、工学部事務室（現　理工系事務チーム）を経て、キャリアセンター理工系事務グループ（現　キャリアセンター工学部分室（現　キャリアセンター理工系事務グループ）で業務を行いました。

業務の一つ、大学の窓口に相談に来る学生対応をする中で、コミュニケーションが苦手で就活に苦労している学生と話をすることがよくありました。**本人はとても素直で魅力的なところがたくさんあるにもかかわら**

ず、それをうまく発信できずに悩んでいる状況に対して、私もうまく助言することができず歯痒く思うことが少なくありませんでした。このような学生は、幼少期はどのように過ごしてきたのだろう、幼少期に大人から何らかの働きかけがあれば、その子が社会に出る時、もう少し生きていきやすい状況になったのではないだろうかと、幼少期の発達や学びについて興味を持つようになりました。大学院での学び直しも検討したくらいです。在職中に結婚、二人の子どもを授かり、娘たちは保育園に入ることができました。夫は今も関西大学職員です。

人生の転機、学び直しの決断

私が転機を迎えたのは、お世話になった保育園の先生方の姿、特に園の運動会や音楽発表会などの行事で、観客を感動させる演技や演奏ができるよう、園児に丁寧な指導をされる先生方の姿を見て心を動かされたことがきっかけでした。先に述べたような大学生と関わる中で、このような先生方と出会ったことにより、「子ども」への関心がよりいっそう深まったのだと思います。まずは仕事をしながら通信教材で保育士資格取得を目指すことにしました。二年がかりで何とか**保育士試験に合格**でき、その年度末、学生と社会人両方の立場で多くのことを学んだ関西大学を退職しました。一四年間の勤務となりました。

退職後、数年間は家事、育児に専念しながら、その後の活動の準備・充電期間に入ります。私は子どもの頃から音楽が好きで今でもピアノのレッスンを受けていますが、**保育士資格と音楽を使ってできる活動がないか、いろいろと考えて**みました。そこで行きついたのがリトミックでした。リトミックはスイスの音楽教育家で作曲家でもあったエミール・ジャック・ダルクローズが開発した音楽教育の手法であり、音楽を使って子どもの集中力、思考力、判断力、記憶力、創造力、表現力など、人間が社会生活をしていくために潜在的に持っている力をバランスよく発揮し、優れた子どもたちの育成を目指すものです。娘たちが学校に行っている時間帯を利用し、リトミックの指導者を養成する学校に一年間通いました。短い期間でしたが、私にとっては多くの発見を伴う学びとなり、自身の子育てにも影響を与えるものとなりました。

子どもの発達支援

　数年後、長女が中学校に入学した春、社会福祉法人で児童発達支援にかかわる仕事に就く機会を得ました。そこでは概ね一歳児から二歳児で、発達につまずきのある児童が通う早期療育のための親子教室を運営しており、私は保育士として母子と直接関わる業務を担当しました。ようやくここでリトミックの学びを生かせる場を見つけることになります。

　ここで臨床心理士、言語聴覚士、保育士らとともに、①玩具や遊具を使っての自由遊び ②集団遊び（リトミック、手遊び、おはなし等）③体や手先を使う遊び（ボールプール、サーキット、お絵かき等）といった三種類の活動を提供していきます。また母親に対しても、スタッフに子育ての悩みを相談したり、母親同士でコミュニケーションを取ることで、母親自身の安心・我が子の発達のつまずきに対する「気づき」の場を提供していきます。リトミックの時間では、そのクラスの雰囲気に応じて保育士がアレンジし、子ども達が楽しめるような音楽活動を設定します。その時私は、**音楽を拒否する子の反応にがっかりしてしまう自分に気づき、はっとしたことがあります。音楽に対する個人的な価値観を一方的に伝えようとしていたのではないか、音楽はあくまで、母子が抱える問題の解決を目指す方法のひとつであり、より広い視野で様々な角度からアプローチすることが、この仕事の本質なのではないか、ということを学び**ました。

アクティブシニアとの関わり

　リトミックの勉強を生かした活動がもう一つあります。アクティブシニア：元気な高齢者、を対象とした『歌の会』の活動です。リトミック指導者養成校を卒業して間もない頃、『歌の会』を発足する準備をしていた母の知人から、そこでのピアノ伴奏を依頼されたことがきっかけでした。私は、知人にリトミックを高齢者向けにアレンジしたものを取り入れてみてはどうかと提案し、知人も大変興味を示してくれ、スムーズに準備が進み約二〇名の会員で月一回の例会としてスタートしました。私の姉がピアノ伴奏で、毎回の活動内容を相談しながら呼吸を合わせて音作りしていきます。お手伝いさせていただいてからもう一〇年になります。唱歌や童謡、フォークソングなど皆さんが知っている曲を歌うことを中心に、その曲を使って身体を動かすなどのリズム遊びを取り入れていきました。回を重ねるうちにだんだんと難しいこともできるようになりました。

文字通り「アクティブ」なシニアの方ばかりなので、向上心を持って真剣に取り組んでくださり、良い意味での緊張感、集中力が生まれます。一方でうまくリズムに乗られなかったり失敗した時は皆で大笑い。こうして会全体の雰囲気に緩急が生まれ、一時間半の例会終了後には、頭と身体がバランス良く疲れ、私も含めて皆さんがスッキリとした表情になります。うつむきがちだった方の目線が上がり、笑顔が増えた実感もありました。この活動のことを聞きつけた方から、うちの施設に歌いに来てもらえないかと演奏依頼を受けるようになり、老人施設や難病の方が集まるクリスマス会など、様々な場所へボランティアとして出向き発表させていただく機会を得ました。『歌の会』の活動を通して私が学んだことは、何かを始めてそれを継続することに年齢は関係がないこと、またそれを実現させるには、働きかける側が一方的に教えるという考え方ではなく、メンバー一人一人が納得し、両者が共同して主体的に参加できる環境が整っていることが大切だということです。これからもメンバーの皆さんとアクティブに楽しく、マイペースに続けていきたいと思っています。

（一九九四年卒　A・I　社会福祉ボランティア）

A・Iさんは、大学事務職員の時の学生対応の中で、「**本人はとても素直で魅力的なところがたくさんあるにもかかわらず、それをうまく発信できずに悩んでいる状況に対して、私もうまく助言することができず歯痒く思うことが少なくありませんでした**」という新たな問題を見つけ、それを「幼児期の体験」に結び付けて幼児教育に携わるための資格を取得しています。さらに、生来好きであった音楽とその資格を「**保育士資格と音楽を使ってできる活動がないか、いろいろと考えて**」、まさに創造的な思考を働かせ、リトミックにいきつきます。さらに次の段階で「**ここで臨床心理士、言語聴覚士、保育士らとともに**」子どもの発達支援を行い、さらにその活動の場を広げてアクティブシニアとの関わりに持って行っています。

こうした中で、Ａ・Ｉさんの豊かな個性・感受性が生み出したものだと考えられますが、活動をする中で「**音楽を拒否する子の反応にがっかりしてしまう自分に気づき、はっとしたことがあります。音楽に対する個人的な価値観を一方的に伝えようとしていたのではないか、音楽はあくまで、母子が抱える問題の解決を目指す方法のひとつであり、より広い視野で様々な角度からアプローチすることが、この仕事の本質なのではないか、ということを学**」んだという点、相手との協同で初めて活動が成り立つことに気づいた、重要なポイントではないかと思われます。また、お姉さまとの協同の活動も素晴らしいものがあると考えられます

もう一人の転職者は、望んで選んだ会社であったが、よくよく考えていくと、もっと「正統性」を感じられるところがあり、外的な社会状況の変化も手伝ってそこへの転身を積極的に行ったＴ・Ｔさん（ともこ71、72、73、78、94、108、117、123）です。ベンチャーに内定した時、実はもっと大手のだれもが勧めるような企業も内定を得ていて、私も相談に乗った記憶があります。本人もご家族も納得して進んだ冒険でしたが、結果的には同僚の伴侶も得て、大変いい選択をした例かと思います。

■コラム13■

ベンチャー企業から公務員に転身して

後悔しないように生きたい

高校までの私は部活一色の生活で、自由な時間がほとんどありませんでした。だからこそ大学では、自分に与えられた時間を出来る限り有意義に使おうと必死でした。今振り返ると、当時の私はいわば「やる気の塊」だったと思います。価値観の合う友人と出会えたことで、モチベーションは更に高まり、専攻科目やゼミ活動が増えて来る三、四回生の時期は、毎日が本当に充実していました。特に、ゼミでの取り組みでは、決められた課題がない中で、自分自身で問題を提起して、その問題に取り組むことの難しさと、問題を解決した時の充足感を体感できました。モチベーションはどこから来るのかに疑問を持ち、自身の卒業論文では「やる気・モチベーション」をテーマに取り上げて取り組みました。

大学生活の四年間で得た、「自分の興味のある事柄について向き合える十分な時間」、「新しい出会いと経験」は、私の中に「自分が後悔しない様に生きる」と言う軸を確立できた重要な契機となりました。

最初の選択

就職活動では、就職氷河期と呼ばれる厳しい状況の中で、私はありとあらゆる業界の就職説明会に参加し、自分の興味がどこにあるのか、自分は一体どんな会社で「社会人」として働き、今後の人生を生きていきたいか、ということをそれはそれは、一生懸命考えました。

幸いにもいくつかの企業から内定を頂き、その中で、当時最も興味があった「インターネット」「システム開発」「マーケティング」という内容に惹かれ、俗に言うベンチャー企業に就職しました。この会社に骨をうずめるぞ、と言う気持ちではなく、どちらかと言うと、本当に「今、やりたいこと」を優先して就職を決めました。

就職した会社ではシステム開発業務に携わり、自分が作ったシステムが正しく作動する様に、プログラムと睨めっこをする毎日でした。しばらくは、会社という新しい環境での出会いや刺激にワクワクし、自分の仕事が会社の売り上げになることが嬉しく、ただただ楽しい日々を過ごしていました。

何か違うな……何だろう

しかし、徐々に「自分の仕事」が会社の売り上げになる以外に、何の意味を果たしているのか、自分の仕事の意義が見出せなくなっていました。自分の取り柄である「やる気」が全く湧き上がらない、そんな鬱々とした気持ちで毎日を過ごすようになった、その年の三月十一日、東日本大震災が発生しました。

大阪では日常生活に支障がでなかったものの、大きな揺れに恐怖を感じたことを鮮明に覚えています。そしてその後、ニュースで「これは日本なのか」と自分の目を疑う程の大規模な地震が発生したことを知り、同時に、何も出来ない自分の無力さを悔しく思いました。毎日通勤で通る駅の通路に貼られていた警察官募集のポスターが目に飛び込んできたのは、そんな時でした。

ポスターには「何かあった時に、何かできる職業は意外と少ない」と言う言葉が書かれていました。その言葉を目にした時、私は胸のモヤモヤが一気に晴れた様な感覚にとらわれました。「何かあった時」、まさに、今回の様な大震災が発生した時に、守りたい家族や、友人がいるのに、ただ何も出来ないことを悔いるのではなく、自分自身で何か、出来る様になりたい。自分が今やるべきことは、ここにある、と実感した瞬間でした。

転職した現在

私の人生の軸は、「後悔しない」ということだった！と言うことを思い出し、すぐさま警察官の採用試験のための勉強を始めました。そして、無事合格することができ、翌年から、私は警察官としての人生を歩み始めました。

警察官という職業を選んだ理由は、ポスターの言葉に感銘を受けたこともありますが、尊敬する父が、警察官として働いているのをすぐ側で見てきて、その**仕事の正しさ・正統性が揺るぎないということを実感し、密かに憧れの気持ちを持っていた**からです。

警察官になってからは、毎日が緊張と忍耐と限界との戦いです。事件が発生すれば、不眠不休で仕事をすることになります。女性だから、と甘えることも出来ない、体力的にも精神的にも厳しい世界です。強面の屈強な男性から大声で怒鳴られることは日常茶飯事で、汗だくで仕事をしても、感謝されることよりも罵倒されることの方が多いという現実を知りました。仕事中は、一瞬たりとも気が抜けず、常に緊張感を持たなければなりません。

警察官になった当初は、交番でいわゆる「町のお巡りさん」として勤務をしましたが、街中をパトロールする際には、犯罪の発生する可能性がある場所や状況を見落とさない様に、自分自身で問題を考えて取り組みました。大学時代のゼミで問題に取り組む力を培ったことで、問題解決のために積極的に取り組む姿勢が身に付き、仕事に活かせていると感じています。

私は今、大学時代の様に「やる気」に満ち溢れた気持ちで日々を過ごしています。警察の仕事は実に多岐に渡りますが、どんな仕事をしていても、警察官の仕事は「治安維持」と言う大きな目的の一端を担っているのだ、と言う自負があるからです。

「楽しい」という感覚だけではなく、大きな問題を解決できた時や、人から感謝され「誰かの役にたっている」という達成感が、自分自身の「やりがい」に直結しているのだと日々実感しています。

「問題解決」に対して取組むこと、それは単に仕事についてだけではなく、**問題解決そのものが私の「人生」であり、それが社会貢献につながっているということで、私の人生の「生きがい」になっている**のだと思います。大学時代のゼミやさまざまな専門の授業・教養の授業で学んだ問題解決への姿勢が、私の人生の大きな基礎になっていると確信しています。大学の四年間は、そうした確たる姿勢を学ぶ時間だったのだと思っています。

（二〇一〇年卒　T・T　公務員公安職）

T・Tさんのこの事例は、仕事の選択について、その時の興味・関心より、自分が感じた正統性の認知を優先させた、高度に知的な選択であったと考えられます。「**その仕事の正しさ・正統性が揺るぎないということを実感し、密かに憧れの気持ちを持っていた**」という次第であったのです。また、現在の仕事に関しても、その都度問題解決事例であることを明確に意識し、「**問題解決そのものが私の「人生」であり、それが社会貢献につながっているということで、私の人生の「生きがい」になっている**」と仕事から敷衍して捉えています。これはゼミ活動参加の大きな成果であったと考えられます。これほどダイレクトにゼミでの学びの成果を報告されると少し気恥しい気もしますが、話を「盛った」ものではないことは、十分理解できます。結婚披露宴に招かれ、ご両親、ご主人にもお会いしましたが、ここにかかれたそのままの雰囲気を強く感じました。

第十章　家庭や地域社会・福祉の場で

卒業生の中には、家庭や地域社会で活躍している方々も大勢います。多くはさまざまな履歴を経て現在に至る、という場合ですがその中でもいくつかの印象的な事例を紹介します。

一人目は、在学中女子ハンドボール部の優秀な選手であり、卒業後一時期新聞社に勤務し、その後現在、重度な障害をお持ちのお子さんの母親として非常に重要な活動をしているM・Aさん（まり25、40）です。その筋の通った活動はテレビや新聞などでも取り上げられたことも多く、映画「風は生きよという」にも取り上げられています。

■コラム14■　重度障害のある息子とともに～これまでの学びや活動をふりかえって～

大学入学～就職～結婚、出産

大学に入学したころは、心理学を勉強して、サークル活動なんかもいろいろ楽しもうと考えていたのに、思い描いていたサークル活動には巡り合わず、気が付いたら体育会ハンドボール部に入部し、予想外に泥臭い大学生活が始まりました。最初はゼミも別の先生のところでお世話になっていましたが、四年生になってよりゼミ活動の充実を望むようになり、田中ゼミに入らせてもらいました。そして卒業から二五年！　これまた予想外の展開の連続でした。

卒業時には「失われた二〇年」と言われる長い就職氷河期が始まっていて、なかなか就職は決まらず苦戦していましたが、何とか地方新聞社に入社し、広告営業や新聞販売を中心に仕事をしていました。そして結婚して関東に移り住むのをきっかけに退職し、里帰り出産を機にまた関西に戻ってきました。しかし出産時に子どもが呼吸をしていなくて、救急車で別の病院に転送され、そのまま入院することになり、関西に定住することになりました。

医療的ケアとの関わり

一命をとりとめた息子でしたが、脳に重い障害が残り、人工呼吸器を使うことになり、三年間入院生活が続きました。入院中は毎日病院に面会に行き、退院すると自宅で痰の吸引や食事をチューブで注入する医療的ケアを二四時間担うことになり、とても仕事をするどころではなくなりました。連れ合いや親、訪問の看護師、ヘルパーなどの手助けがないと、自分自身の自由な時間はなく、身動きが取れません。それでも自宅での生活になると、息子も体調は安定し出し、いろいろな刺激を受けて反応も良くなり、落ち着いて生活できるようになってきました。

障害のある息子との地域生活

息子は少しずつ体力も付き、外出ができる医療的な装備も整い、幼児療育園、支援学校小学部を経て、地域の中学校に入学させることになりました。人工呼吸器の子どもは、支援学校でも通学している人はほとんどなく、そこから地域の学校に行く人は更に少なく、学校や教育委員会と話し合いばかりでした。そして、少しずつ学校環境もよくなり、受験上の配慮も受けて府立高校に入学し、そこから大学受験も経て（全国初のまばたきでのセンター入試配慮受験を実施）働きながら、大学生活を送っています。

息子との経験から発信

そのような経験を息子とともにしていると、**ほぼ前例のないことばかりだった**ためか、「そのような経験を話してもらえませんか？」「本に掲載したいので書いてもらえませんか？」などという有難いお申し出がくるようになってきました。人工呼吸器を常時付けて、言葉は声に出して話すことはできず（意思疎通はまばたき）、食事も口からできず、字を書くことも手足を自由に動かすこともできない、巨大なストレッチャータイプの車椅子に乗る息子が、ふつうに街に出て、高校行って今は大学生で、仕事もしている？確かにそんな人はそう見かけないでしょう。一見何もできなさそうで、何も役立っていなさそうで、生産性のなさそうに見える息子ですが、それはそれで雇用は生み出しているし、この立場でしかできない仕事があるのです。現在、吸引や注入といった医療的ケアの担い手を育てる研修の仕事や講演、執筆活動、そして同じような障害をもった人たちの学校生活での問題に寄り添って、悩みや相談を受けたり、当事者に替わって交渉、陳情に出向いたりといった様々な活動をさせてもらっています。

　仕事を持っていても、ただの主婦でも、人前で自分の言葉で意見を述べる必要性はあり、遡れば大学の時に壇上に上がり、大勢の人の前でスピーチをする機会があったことがその原点だったように思います。**ゼミの研究発表や教育実習、バイト先での大学合格体験談をしゃべる機会などが今につながっている**気がします。

障害のある人もない人も～教育の課題

　再び息子の大学受験時の話に戻りますが、意思疎通の難しい、介助の人が必要な障害のある人は、福祉系や看護系、宗教系の大学でさえも受け入れは頑なに拒まれます。自分たちで介助をするといっても、いろいろ理由を付けて断ってきます。大学の学びは問題解決の連続で、協同で行うもの、新たな事柄を創造し、喜びと感動が伴うものだと大学在学時に身につけるべくうたわれていたはずが、**とても自由に議論できる環境とはかけ離れていて、閉鎖的で狭いものだという印象が強烈に残りました。日本の最高学府での教育がこのようなものでいいんだろうか？**という疑問と将来に対しての不安に駆られました。就職も大事ですが就職だけが進路ではないし、就職のための資格取得のカリキュラム（特に福祉系）のみにとらわれて、大学が専門学校化し過ぎてきているのも気になります。

　多様性を認め合うなどと言われてきていますが、少子高齢化でますます人口も減少し、労働力も減りつつある中、どんな障害があっても最初から拒否するのではなくて、どうやったらできるのか？　ちょっと考えて工夫すればできることはあります。**まずは受け入れて一緒に考えてやってみよう！と思う人が増えるような、少し余裕のある教育であってほしいし、これからもそのための活動を続けていきたい**と思っています。

（一九九四年卒　M・A　福祉ボランティア）

M・Aさんは、重度の障害を持つ子の親となり、「**ほぼ前例のないことばかりだった**」ことから、社会のルーチンワークをこなせばいいという風潮に大きな疑問を投げかけています。これは、新たな問題には新たな創造的展開で対処すべきという主張を暗に含んでいて、こうした姿勢は「前例踏襲」の再帰的な思考法に対してのアンチテーゼだと思われます。大学等、高等教育に対しても「**まずは受け入れて一緒に考えてやってみよう！と思う人が増えるような、少し余裕のある教育であってほしいし、これからもそのための活動を続けていきたい**」という形で大きな問題を投げかけていると思われます。

もう一人、C・Sさん（ちかこ55、65）は、自宅のそばでお姉さまといっしょにベビーのためのお店を開いて活動しています。大変クリエイティブな活動です。

■コラム15■

協働の喜びを今も

現在私は、大阪府八尾市でママとベビーのためのロハスなお店を営んでいます。

ロハスとは、LOHAS = Lifestyles of Health and Sustainability の頭文字をとった略語で、健康と環境、持続可能な社会生活を心がける生活スタイルのことを指します。

一階は体に優しい食品やハンドメイドのベビー小物などを取り扱う雑貨屋、二階はレンタルスペースとなっています。レンタルスペースでは、毎月定期的に親子クラスなど開催していて、未就園児とその保護者の方によく利用頂いています。

私は大学卒業後、販売員として就職、転職なども経験しながら出産を機に退職しました。産後は子どもが幼稚園入園するまでは自分のもとで育てたいため、子どもがそばにいてもできる仕事をしたいと思っていました。そして息子が一歳半の時、祖父が残してくれた場所で姉とお店をオープンすることになりました。

スタートはかなり厳しい状況からでした。お店は昔ながらの商店街にあり、残念なことにシャッターだらけの状況です。人通りは少なく、商店街の真反対の方向には大きなショッピングモールがあります。お店を開く時に重要なのはまず立地ですが、私たちにはその選択肢はなく、この場所を生かすしかありませんでした。インターネットをフル活用しＳＮＳやブログによって情報発信をしていきました。

するとオープンしてまもなく、一人のフリーランスママさん講師の方が訪ねてきてくれました。レンタルスペースの一人目のお客様です。その方が始まりで口コミ・ご紹介によって定期レッスンをしてくださる講師の方々が集まってきてくださいました。今では毎月いろんなレッスンを開催できるまでになりました。

講師の方々とはお互いに刺激し合い、信頼のある関係を築くことができています。

その方々の力も借り、幼児教育に特化した一ｄａｙイベントを開催する事にもなりました。初めは一つのレッスンだけで始まった当レンタルスペースですが、いつしかお店まるごと使ったビッグイベントをするまでになりました。

イベントをするたび様々なことを学びます。その【学び】について考えた時、ゼミでの卒業論文の作成時のことをいろいろ思い出します。

卒業論文は自分でテーマを決め、構成も考えていきますが、ブラザー&シスター制度により後輩の三回生にもお手伝いしてもらったり、先生、ゼミの仲間からもヒントやアドバイスをもらいながら作成していくものでした。

実験や調査もどんなものを取り入れるのがよいのか、後輩からのさりげない質問にヒントをもらったり、同級生とは励まし合いながらやっとの思いで作り上げた卒業論文は、私の中で非常によい経験となりました。まさしく協働で行われた学びです。卒業論文を無事完成したときの喜び、達成感は本当に気持ちの良いものでした。

このときの感覚にビックイベント開催は似ています。**テーマは主催の私たちがつくるものの、出店者の方の意見をいただきながら作り上げ、盛り上げて、お客様に喜んでもらえたときの感動・達成感はこの上ありません。**作り上げる中で様々なことを学び次の開催へのヒントも得られるのです。

人生は【学び】の連続です。学びがあるからこそ人生がおもしろくなると私は考えます。壁にぶち当たった時は成長のチャンス！と考えることが自分の未来を明るいものにする秘訣だと思うのです。これからもできるだけ前向きに未来を楽しみに歩んでいきたいと思います。

（二〇〇七年卒　C・S　ロハス経営）


ここでC・Sさんは、自宅のそばにあらたに「起業」するという大きな決断をし、かつそれを維持しているという意味で、創造の典型であると思われます。かつ、それが大学時代のゼミでの卒論を書くという経験と結びついて、**「テーマは主催の私たちがつくるものの、出店者の方の意見をいただきながら作り上げ、盛り上げて、お客様に喜んでもらえたときの感動・達成感はこの上ありません。」**とし、創造の楽しみ、その感動を力強く述べています。

もう一人、海外に居住するA・Sさん（あずさ55、65）の紹介をしましょう。A・Sさんは、愛知県、京都市で中学校の教員をしていましたが、結婚相手の仕事柄、現在イギリスのロンドンでお子さんと三人で暮らしています。大学院にも来て修士の学位を持ち、高校生のころからバイオリンに親しんでいた多才な人です。

■コラム16■

私の人生の中での大学の学び

私は奈良県生まれの奈良県育ち。万葉集にも歌われた大和三山のふもとで、葛城山や二上山、三輪山をながめながら育ちました。歴史や地理が好きな祖父や、学校勤めの父や母の影響もあり、私も地理や歴史に親しみ、いつのころからか、社会科教師を目指すようになりました。関西大学に入学後、教員免許の取得を目指しながら、三回生では田中ゼミに入りました。学部、大学院は田中ゼミに所属し、修了後は愛知県で四年間、京都市で五年間、中学校の社会科教師として教壇に立ちました。その後、結婚をきっかけに退職し、すぐに夫の仕事の関係で渡英、ロンドンで生活を始めることになりました。おりしも二〇一八年、イギリスはEU離脱が決まり、日本では二〇一九年の天皇陛下のご即位、二〇二〇年は新型コロナウイルス大流行というまさに歴史的な出来事をロンドンで経験することになりました。

海外駐在員家族として

海外駐在員といえば、ドレスを着てパーティー、という華やかなイメージかもしれませんが、海外駐在員とその家族、配偶者の役目は「家族の健康を守ること」と私は思います。日本とは違う気候、食生活、住宅環境、または治安のなかで、家族が安心して生活ができるようにすることが大切です。ロンドンでの生活—洗濯機が壊れる、シャワーが壊れる、蛇口からお湯（熱湯）しか出ない、ガスがつかない、ネズミ出現（！）に始まり、カード詐欺、強盗、スリ、交通事故など、じつにさまざまなトラブルに早い段階で遭遇しました。日本では想像もつかないことが起こりますが、めげずに対応していかなければなりません。家族の健康のため、必要なこと。それは安全な生活のための情報を集めることです。

そこで困ったのは英語でした。イギリスは英語が公用語とはいえ、ロンドンでは多くの国や地域から人が集まっているため、フランスなまりの英語、スペインなまりの英語、インドなまりの英語が飛び交っています。ご多分に漏れず、私も日本語英語—聞く人によると関西弁英語—を話すようです。リーディングはできるけど、スピーキングとヒアリングは苦手。何をするにも、言語の壁がたちふさがりました。しかしここは海外駐在員家族、配偶者としては、自分と家族の生活と安全を守るため、ひきこもっているわけにはいきません。関西弁英語で果敢に立ち向かっていくことになりました。

悔しさと感動の英語

ロンドン生活から数か月。私はロンドンで第一子を出産することになりました。ここで英語が苦手とか言ってられません。健診では、聞かれるであろう質問や聞きたいことをすべて予習して対応していました。そんな私に英語上達のアドバイスは「上手な人のまねをすること」「発音は気にしないでどんどん話すこと」でした。私がもっとも心に残ったアドバイスは「英語上達には悔しいという気持ちと感動が必要」でした。英語が通じなくて悔しいという気持ちから、がんばろうという気持ちが生まれる。そして努力を続けて、自分の英語が通じたとき、「自分の英語が伝わった」「できた」という感動がうまれ、また勉強しようという気持ちになる、という意味でした。私も自分の伝えたいことが伝わらず、英語ができなくてからかわれたり、悔しい思いもしました。しかし、自分の英語が通じたときのうれしさと、自分もできるのだという感動もありました。**学びとは感動、そして感動があるから続けられる。**今も悔しさと感動を繰り返しながら、奮闘中です。

学びなおしの機会、蓄えた知識を深める

ロンドンに住むと、学びなおしの機会に恵まれます。たとえば、大英博物館、ナショナルギャラリー、自然史博物館、科学博物館やナイチンゲール博物館、シャーロックホームズ博物館など、多くの有料無料の博物館や美術館があります。もともと美術館や博物館が好きな私に、これもある外交官夫人からのアドバイスなのですが―博物館や美術館の中を一日ですべて回るのは大変だから、「今日はここ」と自分の好きな分野やカテゴリーを決めて、その展示品の説明（英語）を写して勉強する―を実行すべく、足を運ぶ日々です。教科書やインターネットでみることはできますが、ロゼッタストーンの彫刻の繊細さ、ゴッホのひまわりの黄色のあざやかさ、ナイチンゲールのパワフルさなど、やはり本物に触れると、新たな発見やまた違った感動を味わうことができます。学校で学んで、試験を受けて、知っているつもりになっていても、のちに博物館や美術館や本などから見てみると、また新たな発見があります。一つ知識を持っていると、後に**あらゆる角度から見なおし、理解を深めることができます。自分の中に知識を蓄えておくことは、将来にわたって学びつづけるきっかけになる可能性が増える**、と言えるのではないでしょうか。

種をまく人

学校では、教科の授業の他、道徳、学活の時間があります。学校生活を通して、生徒が学ぶことは実に多いです。しかしその中で、学校でやったことすべてが生徒の今後の人生の役に立つとは限りません。一人一人の生徒の得手不得手や興味関心の対象は違うので、学校で学んだことが忘れ去られてしまうことがたくさんあると思います。「こんな勉強して何の意味があるの？」「こんな勉強、関係ないし」と生徒に言われることもたくさんありました。しかし中には、「おもしろい」「もっと知りたい」という生徒の反応もたくさんありました。**学校生活を通して、生徒自身が「おもしろい」「もっと知りたい」という対象を見つけることができれば、後々に自ら学んで知識を広げることができたら、と思った**ものでした。

教師とは、知識の種をまく人だと思います。学校生活を通して、多くの知識の種をまいているのだと思います。まいた種は、砂の上に落ちるかもしれないし、芝生の上やコンクリートの上に落ちて、育たないこともあるかもしれません。しかし、豊かな土の上—生徒の興味関心—にまかれる知識の種もあるかもしれません。すぐには育たなくても、のちのちに芽が出るかもしれません。その知識の種を、生徒自身が育ててくれれば、学校の学びは意味あるものになる。教師はそういう一面もあると思います。

大学での学び

私が田中ゼミを選んだ理由は、田中ゼミでの研究の多様さです。田中ゼミでは「学びとは問題解決」という理念のもと、「卒論に取り組むことも問題解決」ということで、実に多様な研究テーマが取り上げられていました。発表や討論の場では、自分の研究だけでなく、特別支援教育や兄弟関係について、またはロボットやSNSについてなど、先輩や同期の研究に触れることができ、私にとって幅広く学ぶ場でした。

特に印象に残っているのは研究テーマを決める過程です。田中先生は「自分が研究したいことをすべて書き出しなさい。考えていくうちにそれが一つにつながっていきます。」「タイトルが決まれば卒論は半分できたようなもの」とおっしゃっていました。確かに、明確な問題意識をはっきり持つことで、それに向けて調査方法や実験方法を考えるという点で、**まさに卒論は問題解決**でした。私は将来教師になることを見据えて、絵や文字、音声を使って、わかりやすく伝える方法を研究テーマに選びました。先生がおっしゃったとおり、自分がやりたいことを考えに考え抜いて決めた研究テーマでした。ブラザー&シスターとともに卒論に取り組み、卒論を終えたとき—できたという感動とともに、**「まだまだ足りない」「もっと研究したい」と次の研究に向かっている自分**に気がつきました。自分が本当に研究したいことを見定め、研究結果を得るだけではなく考え続けること。**大学では、そういう「考え続ける姿勢」を学んだ**のだと思います。その結果の一つが大学院進学でした。

学校で

大学院を修了後、中学校の社会科の教師となってからは、「わかる」授業、興味・関心を引き立てるような授業をめざしました。どうすればわかりやすく伝えることができるのか、どうすれば生徒が共感・好感・親近感をもつことができるだろうか、教材研究に努める日々でした。(この辺のことは田中(２０１７)の五十九ページから六十ページを参照してください)。

京都市の小中一貫校に勤務していた時は、中学校の社会科だけでなく小学校六年生の社会科を担当することがありました。中学校と小学校六年生の社会の指導計画を作成するうえで、小学校の社会科が、どのように中学校につながっていくかを考えることができました。例えば小学校六年生では人物を中心に歴史を学び、中学校では世界の歴史と日本の歴史を関連づけて学びます。この経験から、小学校での学びが中学校へつながり、また中学校卒業後の人生につながっていくことを視野に入れて、何を伝えたいか、どのような力を生徒につけさせたいかを考えるようになりました。**問題意識を持って、答えを出すだけでなく、その方法を考え続ける。**ゼミで学んだこの姿勢は、どのような職業でも日常生活でも必要な力だと思います。

最後に

大学では一般教養から専門的なことまで多くのことを学びました。私自身は、大学の学びの中で、問題意識を持って考え続ける姿勢ができたのだと思います。そして、大学で一般教養をはじめ、幅広く学んだことも―すぐには役に立たないかもしれませんが、蓄えられた知識をもって、学びなおしの機会を得たり、生涯にわたって学び続けるきっかけになっていると思います。**学び続けることに必要なこと、それは感動ではないでしょうか。「なるほど」「わかった」という新しい発見によっておこる感動が、またあの感動を得たい、続けたいという原動力になるのではないでしょうか。**

(二〇〇七年卒　Ａ・Ｓ　海外駐在員家族)

Ａ・Ｓさんは、現在のロンドンでの生活のことと学生時代、その後の教員時代のことを大変詳しくまとめてくれています。ロンドンの現在の生活では、英語の学び、彼女の各論である歴史・地理の学びについて、「**学びとは感動、そして感動があるから続けられる。**」「**あらゆる角度から見なおし、理解を深めることができます。自分の中に知識を蓄えておくことは、将来にわたって学びつづけるきっかけになる可能性が増える**」として、一度の学びで終わるのではなく創造的に進化することの重要性を感じているようです。彼女が院生の時、大学院の私の授業のプロジェクトとして「分かるプロジェクト」を立ち上げ、他の院生たちと、神戸市教委のこのプロジェクトに協力し、「分かる」授業の工夫をいっしょに考えたものでした。

また、教員在職中もそのスタンスを維持し、「**問題意識を持って、答えを出すだけでなく、その方法を考え続ける**」ことを生徒たちにも伝えていたことがよくわかります。また、大学在学中の学びについても「**学び続けることに必要なこと、それは感動ではないでしょうか。「なるほど」「わかった」という新しい発見によっておこる感動が、またあの感動を得たい、続けたいという原動力になるのではないでしょうか。**」ということで、学びにおける感動の重要さを強調しています。

第十一章　芸術・文化活動の場で

ゼミ卒生の中に音楽や写真、バレエ等の芸術・文化活動にいそしんでいる者も少なくありません。ここでは、それらの中から、アイシングクッキーという、スイーツでありながらアート作品をつくる活動と、長くバレエに関わっている人の紹介をしましょう。

M・Iさん（まきこ45、52）は、子育てのため退職した後、育児をしながらアイシングクッキーを始め、いまや本も出版してその道でまきこ先生と言えば通じるくらいにまで成長したすばらしい人物です。自分で自分をデザインする、という確固たる哲学をもって活動しています。

■コラム17■

自己実現　～未来をデザインする～

多様化する働き方

大学卒業から早くも二〇年が過ぎようとしています。あれから時代は変わり、「働き方」という意味でもそのあり方は確実に変わってきたように感じています。

自宅などでお菓子やパンその他クラフトなどを教える「サロネーゼ」という働き方があるということを聞いたことがありますか？

私は今、アイシングクッキーという、型抜きクッキーの上にデコレーションするお菓子作りを教えることを仕事としています。職業は？と聞かれたら、「アイシングクッキー講師」や「サロネーゼ」、または「個人事業主」や「フリーランス」そんな答えになるでしょうか。

四〇代となった今、こんな仕事をするようになるとは、こういう働き方をしているとは、二〇年前には想像さえしていませんでした。

企業で事務職として働いていた二〇代を過ぎ、三〇歳で長男を妊娠したことをきっかけに退職しました。いつかまた、子育てが落ち着いたら企業に勤めて社会復帰できたらいいな、そんな風に考えていたように思い出します。でもいざ子育てが始まってみると、思うようにいかないことの連続ながら子供は果てしなくかわいい存在で、できるだけ子供と一緒にいる時間を持てるような働き方を模索するようになりました。その頃に出会ったのが、アイシングクッキーでした。

最初は趣味程度に作っていたものを、当時書いていた育児ブログに載せていたところ反響が大きくて、あちこちから「作り方を教えてほしい」と声をかけてもらえるようになりました。教室業であれば、準備は子供が家で遊んでいるのを見守りながらできて、実際にレッスンのときにだけ託児をすればよく、預ける時間がミニマムであることが当時は最大の魅力でした。これは、きちんと戦略を立てて教室作りをしていけばビジネスになるかもと思い始めたのが、今のお仕事へつながるきっかけとなりました。

いわゆる「ママ起業」などと言われる分野となりますが、気が付けば教室は徐々に大きくなり、工房とクラスルームを兼ねたアトリエを構え、また全国各地への出張レッスンを行ったりレシピ&デザイン本を出版したりと活動の幅はどんどん広くなり、自分なりのビジネスモデルが徐々にできあがってきました。

ライフスタイルは、結婚や出産、配偶者の転勤などさまざまな要因により「変化」を求められます。それとともに働き方も、柔軟にものごとを捉え対応する、多様性を求める時代へと変わってきており、それが可能な世界へと変わっていることを実感します。

自分の知的好奇心のアンテナを信じる

昨日までなかった「もの」や「考え方」を生み出す。こういった創造性が、他の誰にもできない自分だけの

仕事というものを可能にします。私のような仕事の場合、今まで誰も作ったことのないようなデザインを生み出すことや、目に見えるものだけでなく、今までにないようなサービスを付加するといったこともこれに当たります。

学生時代に印象的だった田中先生のことばのひとつに「知的好奇心」というワードがあります。新しい何かに出会い人生の選択をするたびに、自分の中の「知的好奇心」が動くかどうかを自分の中でじっと観察しています。今でも知的好奇心をくすぐられるものに出会いたいと日々思い続けて、そしてその知的好奇心が向かう方向にじわじわと進むことそのものが、人生の楽しみのひとつだと思っています。

自分の知的好奇心のアンテナを信じて、新しいものを拒絶せずに柔軟に取り入れようとする姿勢をもっていると、自然と次なるアイデアがわいてきて（もしくは無意識に過ぎようとするところを意識に引き戻してくれるのかもしれません）、それが仕事にも、また日々の生活や子育てにも好影響をもたらしてくれるように感じます。

そしてそういうときに私は、「学びは創造である」という一文が妙に腑に落ちるのです。

人との関わりの中で

学生時代も、そして企業に勤めているときも、そしてフリーランスとしての現在も、そのすべてはたくさんの人との関わりの中で成り立っています。たくさんの人と関わる中で、世の中にはいろんな人がいていろんな考え方があって、正解はひとつではないことも経験として学んできました。

物事は一方向からだけではなく、いくつもの側面から見られるべきであって、そのように物事を俯瞰する幅広い視野とバランス感覚が必要だと思っています。また多面的な世界だからこそ、その中で自分を見失わないための「自分軸」をしっかりと持つことが大切です。**多種多様な他者の考えに触れながら、自分にとって何が大切かを常に意識しておくこと（これは前述の「自分の知的好奇心のアンテナを信じる」という表現ともリンクするのですが）、これが、自己実現への一歩につながる**と考えています。

どんな人と出会いどんな影響を受け、どんな関係を築きながら、自分の価値観を決定していくのか。人生を豊かにしてくれるのは、結局やっぱり「人」だとも思うのです。

未来は白紙

先に述べたように、私はほんの一〇年前まで想像すらしていなかった毎日を今過ごしています。小中学生のころは絵をほめられた記憶もないほど美術や芸術とは遠い存在だったように思い出しますが、今はクッキーに絵を描くことが仕事になっています。

未来は予測のつかないものであり、自分で創り上げてデザインしていくもの。白紙だからこそ人生はおもしろくて愛すべきものなのだと思います。そんな風に考えながら、また三年後五年後、または一〇年後の自分をデザインしていきたいです。

（二〇〇〇年卒　M・I　アイシングクッキー講師）

M・Iさんは、自分の活動を「創造活動」そのものだと明確に位置付けています。誠に正しい認識で、こうした、「**昨日までなかった**「**もの**」**や**「**考え方**」**を生み出す。こういった創造性が、他の誰にもできない自分だけの仕事というものを可能にします**」という確たる哲学が現在の彼女を支えていると確信できます。同時にそれは、「自分軸」をしっかり持ったうえで「**多種多様な他者の考えに触れながら、自分にとって何が大切かを常に意識しておくこと**」、そのことによって成り立つ、と述べています。こうした、創造性と他者との協同を活動の大きな軸に据えていることがはっきりと表現されています。

デザインということばは、一般的にはファッションデザイナーで代表されるような、ある種華やかなイメージがつきまといますが、本来は、何かを考案することで、サイモンはこれを、現在の状態をより好ましいものに変えるべく行為の道筋を考案すること、と定義しています。（サイモン「システムの科学　第三版」稲葉元吉・吉原英樹訳　パーソナルメディア　一三三頁）その意味でこのまきこ先生の、学びは未来をデザインしそれが自己実現につながるという説はきわめて説得力の高い論であろうと思います。単なる「学習」ではできないことです。

この章ではもう一人、幼いころからずっとバレエに取り組み、今もバレエ教室のインストラクターをしているS・Tさん（しょうこ72、78、116、123）を紹介します。彼女が大学在学中に招待されて公演を見に行ったことがありますが、完璧なプロで、驚き感動しました。実は私の娘も幼少のころそれこそ単なるお稽古事で一年ほど通ったことがあり、父母の例にもれず発表会を見に行ったこともありましたが、言うまでもなく雲泥の差。こうした違いはどこにあるのか、探ってみましょう。

■コラム18■　「……になりたい！」を育てること

私は三歳からクラシックバレエを始め、二〇二一年三月にバレエ歴満三〇年を迎えます。平成はバレエとともに歩んできました。

約三〇年の間、生徒としてバレエと向き合い、舞台で主役を務め、バレエコンクールにも出場し、大学卒業後は一般企業に勤めた後、ご縁がありバレエを指導する立場となりました。

受け持った生徒さん方は、三歳から大人の方まで年齢も経験も幅広く、目的も様々で指導が一筋縄では行かないところに苦戦しつつも、とてもやり甲斐を感じていました。

光栄なことに多くの生徒さんに出会い、男性と一緒に組んで踊るパ・ド・ドゥの指導や、コンクール出場の指導や付き添い、また世界に通用するようなバレリーナになりたいという生徒さんの指導もすることができました。

バレリーナになりたい！という子

そんな中で、私に夢を語ってくれた生徒さんがいました。

彼女は、普段からあまり自分から話しかけることがない生徒さんでした。そんな彼女が、私に熱い思いを話してくれたのです。

『バレリーナになりたいです。』

その言葉を聞き、お稽古での彼女との向き合い方を少し変えてみました。すると、たった一回のお稽古で劇的な変化がありました。子供の潜在能力はもちろん、明確な目標を聞いて、話してからお稽古をすることの意味、効果を改めて感じた出来事でした。

今までは少し大人しくて控えめで、情熱的になったところを見せなかった彼女。失敗することが怖く、動きが小さくなりがちで、そういったところは、私の一〇代の頃に似ていて何だか他人事には思えないところがありました。そんな彼女が夢の実現に向けて頑張りたいというので、私もほんの微力ながらも手助けできればと思い、少し接し方を変えてみました。

バレエのテクニックの習得はもちろん大事ですが、私はまずお稽古への挑み方について伝えました。どうしても失敗しないよう動きが小さくなりがちで、苦手なところを何度も挑戦し、必死に汗水垂らして頑張る、という姿勢に欠けていたので、今日は省エネせず思いっきりやってごらん、お稽古場の端から端まで使うぐらいに大きく動いてごらん、と言いました。すると、お稽古のかなり早い段階で汗が出て、上着を脱ぎました。今までの彼女には見られない光景でした。

それだけでもある種の成果だなぁと。

お稽古の終盤におこなう大きな跳躍の練習では、彼女の苦手とする跳躍への踏み切りのリズム感をほぼマンツーマン状態でつきっきりで練習し、お稽古終了後も居残りで一緒に練習しました。そのお陰か、練習をする前と後では全く動きが見違えるように良くなり、ほんの一回のお稽古でこれほど変わるのかと驚きました。

才能を見つけ伸ばす

お稽古というのは、完全なるマンツーマンは不可能にしても、その子それぞれの能力・目的に合ったアドバイスがなされるべきで、少しでもより良くなるよう共に切磋琢磨するものだと感じました。有りがたいことに、少人数でお稽古が出来る環境でしたので、どの先生のクラスでもこうした細やかな指導が有るべきだと思うのに、彼女の様子を見ると、普段からはあまり本来の「お稽古」が出来ていないのかな……と、少し悲しくなると同時に、私自身の指導方法について改めて考えさせられました。

この出来事を踏まえて、私のクラスだけでも、その子の可能性を否定しない、決めつけない、一人一人に合わせたアドバイスが出来るよう気を引き締めて頑張らねば……と決意したレッスンでした。

バレエを指導する立場となり、多くの生徒さん、特に子供たちと接する中で、子供の未知なる能力、限りない可能性に大いに驚かされました。子供の才能を見つけ、伸ばすことは本人の努力は勿論、周囲の大人の接し方が大きく影響することを身に染みて感じ、サポートする側の重責に気付いた経験でもありました。

コンクール上位入賞を目指す子

また別の日のお稽古のこと。コンクール上位入賞を目指す子供たちが、出場回数を重ねてきたからこその

〝慣れ〟が出てきてしまい、指導する側も保護者の方からもあまり気持ちの良い態度ではなくなってしまいました。そこで、コンクールを前に子供達のテンションを下げるようなことはしたくなかったのですが、子供たちの気を引き締め、良い緊張感を持ってもらうためにも、敢えて本番直前のリハーサル後、**態度や心構えについて真剣にお話**をしました。

私のクラスでは、緊張でガチガチになるのではなく、少しでも本来の踊る楽しさを感じ、伸びやかになれるような雰囲気作りを心掛けています。だからこそ、私自身も真顔で真剣なお話を子供たちにするということに慣れていないので、かなり緊張しました。ぎこちないなりにも、子供たちも普段とは違う私の様子を感じ取り、しっかりと受け止めてくれたと思います。お迎えに来られていたお母様方からも『良いお話ありがとうございます』等と言われ、それはそれでなんだか恥ずかしかったのですが……。**ただ楽しいだけではなく、言わなければいけないこと、叱らなければならないことを伝えてこそ、〝本物の〟教育・指導の場だ**と強く感じました。

バレエの指導を通じて、子供の才能と接し方、個性の伸ばし方、本物の教育・指導の形を、子供たちと共に手探りで学び、そしてその先の感動を子供たちと一緒に身体全体で感じることができ、とても貴重で素晴らしい経験をすることができました。

翻ってゼミでは……

ゼミでのブラザー&シスター制度は、課題の答えとなるものを学年を超えて協力し合い、見つけていく学びの場でした。

これは、**バレエの指導においても、確固たる指導法という「答え」のないものをそれぞれの生徒達と向き合い、探しながら結果的にお互いが成長するという「答え」を見つける作業と言える**ので、この過程においてゼミでの学びが生きているのではないかと感じています。

（二〇一〇卒　S・T　バレエインストラクター）

Ｓ・Ｔさんは、身近でご存知の方は理解できるように、ほんわかした、とてもおとなしい方です。その本人が、「バレリーナになりたい」という少女、コンクール上位入賞を目指す子たちに、自分でも驚くような形で接し方を変え、「**ぎこちないなりにも、子供たちも普段とは違う私の様子を感じ取り、しっかりと受け止めてくれた**」と実感したことで事実彼女らのパフォーマンスに変化があった、という経験、これは、本物さ、オーセンティシティを見せることによる相手の参加意欲の向上、という重要な成果であると考えられます。ここには双方に大きな感動があったものだと考えられます。指導における本物さの提示、これは何物にも代えがたい大きな効果が期待されます。本人たちにとっての「……になりたい」という問題状況、指導者としてのそうさせたい、という課題状況を切り抜ける最も重要なことの一つが、そうした問題状況をそのまま受け止め、共有することであったことを物語っています。

おわりに

本書は、私が関西大学の教育開発支援センターのセンター長在職中に構想し、やっと定年退職の二〇二〇年の年度中に陽の目を見ることになったものです。その間世の中は激動し、特に現在（二〇二〇年四月）は、予想だにしなかった新型コロナウイルスの世界的蔓延で、学校を始めとする社会機能は多くが停止状態におかれています（本書刊行のころには収束していることを心から願っています）。長く大学に勤務した者からは、卒業・入学のこの時期にこぞって外出すらできない、という事態は極めて異常で、非情な状態となっています。授業は、するとすれば直接的な接触を避けた、ＷＥＢ機能を使った遠隔授業しかできない状態で、大学人はおそらく初めて、「授業っていったい何だろう」と真剣に考え始めていることと思います。授業とは、学校とは、大学とは、といったこれまで当たり前の機構のあたりまえの機能として動いていたものを、改めて考え直さねばならない機会かもしれません。

折も折、そうした時に出版することとなった本書は、そこまで大それた問題提起はしていません。しかしながら、大学での授業っていったい何？と考えることは、高等教育全般にとって極めて重要な事であると考え、編纂しました。

大学の授業、と言ってもさまざまな種類のものがあり、一律にそれらをくくってこうであるべきだ、などという議論をするつもりはありません。ここでは、小中高にはない、「ゼミ」という形態の授業を通して、何を学んだか、何を学ぶことが期待されるのか、ということに焦点化して議論しました。授業全般の事柄については、親しい、信頼できる仲間に手伝ってもらって別途、それに特化した本（田中　二〇一七）を編集していますのでそちらをご参照いただければ幸いです。

本書上梓をもって、私の「ゼミ研究三部作」が完結したと考えています。是非他の二部作（田中・山田　二〇一五、山田　二〇一九）もご覧いただければ幸いです。

本書を完成させるにあたっては、さまざまな方のお世話になりました。

まずは、序章でのインタヴューをしていただき、そのテープ起こしの労をとっていただき、私の大学人としての人生に貴重なコメントもいただいた、学部学生、藤原日向子さん、片山星璃花さん、竹本百花さん、川端結衣さん、ご苦労様でした。そしてありがとうございました。さらにこうした機会を作っていただき、レポートの転載の許諾をいただいた関西大学文学部の木戸彩恵先生、ありがとうございました。

そして第Ⅰ部を総括する、学びの哲学に対する思いを書にしていただいた秀　節子さんに感謝いたします。

次の第Ⅱ部で登場いただいた十八名の卒業生の皆さま、玉稿をお寄せいただきありがとうございました。ぎりぎりになっての当方からの修正要求等にも快く応じていただき、重要なエビデンスとしてのデータを得ることができました。兼松有里さん、藤森万徳さん、橋本善人さん、徳岡久実さん、垣田明美さん、市原亜希子さん、新居真理さん、森田泰介さん、新谷真治さん、北野朋子さん、池田麻己子さん、姫田知子さん、杉山智佳子さん、清水梓さん、山田嘉徳さん、山咲博昭さん、政智子さん、竹内翔子さん、ありがとうございました。これら直接の執筆者以外の、すべてのゼミ卒生にも謝意を表します。

また、間接的には、長年文学部心理学教室の同僚としてあらゆる側面でお世話になりました先生方、歴代の心理学教室事務の皆さん、関西大学の教育開発支援センターの教職員の皆さんに、大変お世話になりました。ありがとうございます。

さらに、本書でも序章で言及させていただいて、大きな学恩を感じている清水御代明先生、佐伯胖先生、故・ハーバード・サイモン先生にも心からの感謝の意を表します。

最後に、本書刊行にあたりご尽力いただいた赤尾勝巳先生、関口理久先生、関西大学出版部・坂田優志さんにお礼を申し上げます。

本書を、常に支えてくれた家族、激励してくれた兄妹、亡き両親のみなさんに捧げます。

二〇二〇年四月二十日

田中俊也

コラム担当者

藤森万徳　訓子府《くんねっぷ》町立訓子府中学校教諭　コラム1　大学での学びと今の私

橋本善人　PL学園中学校・高等学校教諭

　コラム2　ゼミで学んだこと—そして今、これから

徳岡久実　学校法人関西大学　コラム3　議論の大切さを知る

山咲博昭　広島市立大学特任助教　コラム4　大学をいろいろな視点から見る

森田泰介　東京理科大学教授　コラム5　大学での学びの伴走者として

北野朋子　関西大学非常勤講師　コラム6　世界で羽ばたく日本語教師

姫田知子　四国大学短期大学部講師　コラム7　学びは続くよ、どこまでも

山田嘉徳　大阪産業大学准教授　コラム8　不易の学びに思いを馳せて

兼松有里　元日本航空客室乗務員　コラム9　学びの日常性の実感

垣田明美　日本航空チーフ客室乗務員　コラム10　学び合うことの大切さ

新谷真治　パナソニック健康保険組合　コラム11　人と人のつながりを大切に

市原亜希子　保育士・障がい児相談支援員・ボランティア

　コラム12　大学生、幼児、アクティブシニアと関わって

政　智子　大阪府警　コラム13　ベンチャー企業から公務員に転身して

新居真理　福祉ボランティア

コラム14　重度障害のある息子とともに～これまでの学びや活動をふりかえって～

杉山智佳子　ロハス雑貨・レンタルスペース経営　コラム15　協働の喜びを今も

清水　梓　海外駐在員家族　コラム16　私の人生の中での大学の学び

池田麻己子　アイシングクッキー講師　コラム17　自己実現　～未来をデザインする～

竹内翔子　バレエインストラクター　コラム18　「……になりたい！」を育てること

文　献

Finke, R. A., Ward, T. B., & Smith, S. M.（1992）. *Creative Cognition: Teory, Research, and Applications.* MIT Press.（小橋康章訳　創造的認知―実験で探るクリエイティブな発想のメカニズム―　森北出版株式会社　1999）

木戸彩恵・サトウタツヤ（2019）. 文化心理学―理論・各論・方法論　ちとせプレス

Miyake, N.（1986）. Constructive Interaction and the Interactive Process of Understanding. *Cognitive Science,* **10**, 151–177.

三宅なほみ・三宅芳雄（2014）. 対話で理解が深化する仕組み　三宅芳雄・三宅なほみ　新訂教育心理学概論　放送大学教育振興会　Pp. 85–97.

Newell, A.（1990）. *Unified theory of Cognition.* Harvard University Press.

Newell, A. & Simon, H. A.（1972）. *Human Problem Solving.* Prentice Hall.

Pritchard, A. & Woollard, J.（2010）. *Psychology for the Classroom: Constructivism and Social Learning.* Routledge.（田中俊也訳　アクティブラーニングのための心理学―教室実践を支える構成主義と社会的学習理論　北大路書房　2017）

Robertson. S. I.（2001）. *Problem Solving.* Psychology Press. Ltd.

佐伯胖（1986）. コンピュータと教育　岩波新書

佐伯胖（2004）.「わかり方」の探求―思索と行動の原点　小学館

Simon, H. A.（1996）. *The Science of the Artificial. 3rd Ed.*（稲葉元吉・吉原英樹訳　システムの科学　第三版　パーソナルメディア　1999）

Simon, H. A. (1997). *Administrative Behavior, 4th Edition.* NY: The Free Press.（二村敏子・桑田耕太郎・高尾義明・西脇暢子・高柳美香訳【新版】経営行動―経営組織における意思決定プロセスの研究― ダイヤモンド社 2009）

田中俊也・佐伯胖・佐藤学（2005）. 学び・遊びと教育 教育科学セミナリー、36、109-119.

田中俊也（2014）. モデルを使ってしくみを探る 大野木裕明・渡部直登 改訂新版心理学研究法 放送大学教育振興会 Pp. 52-66.

田中俊也（2019）. 学びのプロセス―学びの本質を理解しよう 水野治久・串崎真志編著 教育・学校心理学 ミネルヴァ書房 Pp. 45-58.

田中俊也・山田嘉徳（2015）. 大学で学ぶということ―ゼミを通した学びのリエゾン ナカニシヤ出版

田中俊也編著（2017）. 教育の方法と技術―学びを育てる教室の心理学 ナカニシヤ出版

山田嘉徳（2019）. 大学卒業研究ゼミの質的研究―先輩・後輩関係がつくる学びの文化への状況的学習論からのアプローチ ナカニシヤ出版

安田裕子（2017）. 教育実践の質的研究法 田中俊也編著 教育の方法と技術―学びを育てる教室の心理学 ナカニシヤ出版 Pp. 175-195.

人名索引

な

は

ま

や・ら

事項索引

著者紹介

田中俊也（たなか　としや）

1952年広島県生まれ。関西大学文学部卒業、名古屋大学大学院博士課程後期課程修了。博士（心理学）。名古屋市立保育短期大学（現　名古屋市立大学人文社会学部）助手、関西大学専任講師・助教授・教授を経て現在関西大学名誉教授。主な著書・編著・翻訳に『子どもの発達とニューメディア』（童心社，1987年）、『コンピュータがひらく豊かな教育―情報化時代の教育環境と教師―』（北大路書房，1996年）、『思考の発達についての総合的研究』（関西大学出版部，2004年）、『教育心理学［第3版］』（有斐閣，2015年）、『大学で学ぶということ―ゼミを通した学びのリエゾン―』（ナカニシヤ出版，2015年）、『教育の方法と技術―学びを育てる教室の心理学―』（ナカニシヤ出版，2017年）、『アクティブラーニングのための心理学―教室実践を支える構成主義と社会的学習理論―』（北大路書房，2017年）などがある。

連絡先　toshig10@gmail.com

大学での学び　―その哲学と拡がり―

2020年10月5日発行

著　者　田　中　俊　也

発行所　関西大学出版部

〒564-8680 大阪府吹田市山手町3-3-35

TEL 06-6368-1121／FAX 06-6389-5162

印刷所　尼崎印刷株式会社

〒661-0975 尼崎市下坂部3-9-20

ISBN 978-4-87354-725-1　C3037　　落丁・乱丁はお取り替えいたします